中国非洲研究院文库·中国脱贫攻坚调研报告

主 编 蔡昉

中国脱贫攻坚调研报告

——恩施州利川篇

RESEARCH REPORTS ON THE ELIMINATION OF
POVERTY IN CHINA

—LICHUAN COUNTY, HUBEI PROVINCE

安春英　杨镇全　著

中国社会科学出版社

图书在版编目（CIP）数据

中国脱贫攻坚调研报告. 恩施州利川篇／安春英等著. —北京：中国社会科学出版社，2020.5

（国家智库报告）

ISBN 978 - 7 - 5203 - 6771 - 4

Ⅰ. ①中… Ⅱ. ①安… Ⅲ. ①扶贫—调查报告—利川市 Ⅳ. ①F126

中国版本图书馆 CIP 数据核字（2020）第 115883 号

出 版 人	赵剑英
项目统筹	王 茵
责任编辑	李海莹 周 佳
责任校对	刘 娟
责任印制	李寡寡

出　　版	中国社会科学出版社
社　　址	北京鼓楼西大街甲 158 号
邮　　编	100720
网　　址	http://www.csspw.cn
发 行 部	010 - 84083685
门 市 部	010 - 84029450
经　　销	新华书店及其他书店

印刷装订	北京君升印刷有限公司
版　　次	2020 年 5 月第 1 版
印　　次	2020 年 5 月第 1 次印刷

开　　本	787×1092 1/16
印　　张	14
插　　页	2
字　　数	140 千字
定　　价	78.00 元

凡购买中国社会科学出版社图书，如有质量问题请与本社营销中心联系调换
电话：010 - 84083683

充分发挥智库作用
助力中非友好合作

——"中国非洲研究院文库"总序

　　当今世界正面临百年未有之大变局。世界多极化、经济全球化、社会信息化、文化多样化深入发展，和平、发展、合作、共赢成为人类社会共同的诉求，构建人类命运共同体成为各国人民共同的愿望。与此同时，大国博弈激烈，地区冲突不断，恐怖主义难除，发展失衡严重，气候变化凸显，单边主义和贸易保护主义抬头，人类面临许多共同挑战。中国是世界上最大的发展中国家，是人类和平与发展事业的建设者、贡献者和维护者。2017 年 10 月中共十九大胜利召开，引领中国发展踏上新的伟大征程。在习近平新时代中国特色社会主义思想指引下，中国人民正在为实现"两个一百年"奋斗目标和中华民族伟大复兴的"中国梦"而奋发努力，同时继续努力为人类作出新的更大的贡献。非洲是发展中国家最集中的大陆,是维护世界和平、促进全球发展的重要力量之一。近年来,非洲在自主可持续发展、联合自强道路上取得了可喜进展,从西方眼中"没有希望的大陆"变成了"充满希望的大陆",成为"奔跑的雄狮"。非洲各国正在积极探索适合自身国情的发展道路,非洲人民正在为实现《2063年议程》与和平繁荣的"非洲梦"而努力奋斗。

中国与非洲传统友谊源远流长,中非历来是命运共同体。中国高度重视发展中非关系,2013年3月习近平担任国家主席后首次出访就选择了非洲;2018年7月习近平连任国家主席后首次出访仍然选择了非洲;6年间,习近平主席先后4次踏上非洲大陆,访问坦桑尼亚、南非、塞内加尔等8国,向世界表明中国对中非传统友谊倍加珍惜,对非洲和中非关系高度重视。2018年中非合作论坛北京峰会成功召开。习近平主席在此次峰会上,揭示了中非团结合作的本质特征,指明了中非关系发展的前进方向,规划了中非共同发展的具体路径,极大完善并创新了中国对非政策的理论框架和思想体系,这成为习近平新时代中国特色社会主义外交思想的重要理论创新成果,为未来中非关系的发展提供了强大政治遵循和行动指南。这次峰会是中非关系发展史上又一次具有里程碑意义的盛会。

随着中非合作蓬勃发展，国际社会对中非关系的关注度不断提高，出于对中国在非洲影响力不断上升的担忧，西方国家不时泛起一些肆意抹黑、诋毁中非关系的奇谈怪论，诸如"新殖民主义论""资源争夺论""债务陷阱论"等，给中非关系发展带来一定程度的干扰。在此背景下，学术界加强对非洲和中非关系的研究，及时推出相关研究成果，提升国际话语权，展示中非务实合作的丰硕成果，客观积极地反映中非关系良好发展，向世界发出中国声音，显得日益紧迫和重要。

中国社会科学院以习近平新时代中国特色社会主义思想为指导，努力建设马克思主义理论阵地，发挥为党的国家决策服务的思想库作用，努力为构建中国特色哲学社会科学学科体系、学术体系、话语体系作出新的更大贡献，不断增强我国哲学社会科学的国际影响力。中国社会科学院西亚非洲研究所是当年根据毛泽东主席批示成立的区域性研究机构，长期致力于非洲问题和中非关系研究，基础研究和应用研究并重，出版和发表了大量学术专著和论文，在国内外的影响力不断扩大。以西亚非洲研究所为主体于 2019 年 4 月成立的中国非洲研究院，是习近平总书记在中非合作论坛北京峰会上宣布的加强中非人文交流行动的重要举措。

　　按照习近平总书记致中国非洲研究院成立贺信精神，中国非洲研究院的宗旨是：汇聚中非学术智库资源，深化中非文明互鉴，加强治国理政和发展经验交流，为中非和中非同其他各方的合作集思广益、建言献策，增进中非人民相互了解和友谊，为中非共同推进"一带一路"合作，共同建设面向未来的中非全面战略合作伙伴关系，共同构筑更加紧密的中非命运共同体提供智力支持和人才支撑。中国非洲研究院有四大功能：一是发挥交流平台作用，密切中非学术交往。办好"非洲讲坛""中国讲坛""大使讲坛"，创办"中非文明对话大会"，运行好"中非治国理政交流机制""中非可持续发展交流机制""中非共建'一带一路'交流机制"。二是发挥研究基地作用，聚焦共建"一带一路"。开展中非合作研究，对中非共同关注的重大问题和热点问题进行跟踪研究，定期发布研究课题及其成果。三是发挥人才高地作用，培养高端专业人才。开展学历学位教育，实施中非学者互访项目，培养青年专家、扶持青年学者和培养高端专业人才。四是发挥传播窗口作用，讲好中非友好故事。办好中国非洲研究院微信公众号，办好中英文中国非洲研究院网站，创办多语种《中国非洲学刊》。

　　为贯彻落实习近平总书记的贺信精神，更好地汇聚中非学术智库资源，团结非洲学者，引领中国非洲研究工作者提高学术水平和创新能力，推动相关非洲学科融合发展，推出精品力作，同时重视加强学术道德建设，中国非洲研究院面向全国非洲研究学界，坚持立足中国，放眼世界，特设"中国非洲研究院文库"。"中国非洲研究院文库"坚持精品导向，由相关部门领导与专家学者组成的编辑委员会遴选非洲研究及中非关系研究的相关成果，并统一组织出版，下设六大系列丛书："学术著作"系列重在推动学科发展和建议，反映非洲发展问题、发展道路及中非合作等某一学科领域的系统性专题研究或国别研究成果；"经典译丛"系列主要把非洲学者以及其他方学者有关非洲问题研究的经典学术著作翻译成中文出版，特别注重全面反映非洲本土学者的学术水平、学术观点和对自身发展问题的认识；"法律译丛"系列即翻译出版非洲国家的投资法、矿业法、建筑法、环保法、劳动法、税法、海关法、土地法、金融法、仲裁法等等重要法律法规，以及非洲大陆、区域和次区域组织法律文件；"智库报告"系列以中非关系为研究主线，中非各领域合作、国别双边关系及中国与其他国际角色在非洲的互动关系为支撑，客观、准确、翔实地反映中非合作的现状，为新时代中非关系顺利发展提供对策建议；"研究论丛"系列基于国际格局新变化、中国特色社会主义进入新时代，集结中国专家学者研究非洲政治、经济、安全、社会发展等方面的重大问题和非洲国际关系的创新性学术论文，具有学科覆盖面、基础性、系统性和标志性研究成果的特点；"年鉴"系列是连续出版的资料性文献，设有"重要文献""热点聚焦""专题特稿""研究综述""新书选介""学刊简介""学术机构""学术动态""数据统计""年度大事"等栏目，系统汇集每年度非洲研究的新观点、新动态、新成果。

期待中国的非洲研究和非洲的中国研究在中国非洲研究院成立的新的历史起点上，凝聚国内研究力量，联合非洲各国专家学者，开拓进取，勇于创新，不断推进我国的非洲研究和非洲的中国研究以及中非关系研究，从而更好地服务于中非共建"一带一路"，助力新时代中非友好合作全面深入发展。

中国社会科学院副院长

中国非洲研究院院长

蔡　昉

摘要： 自 20 世纪 80 年代中期以来，利川市经历了大规模开发式扶贫、八七扶贫攻坚、新时期扶贫开发、精准扶贫四个发展阶段。党的十八大以来，利川市委、市政府围绕"六个精准""五个一批"，坚持目标导向，聚焦贫困问题，建立精准扶贫工作体系与机制，出台了一系列精准扶贫、精准脱贫的指导政策，推出了完善基础设施、发展特色产业、做强民宿旅游新经济、探索电商扶贫方式、促进贫困人口就业、以金融扶贫"贷"动脱贫、夯实教育扶贫根基、提升医疗服务保健康、生态保护与扶贫开发相结合、易地扶贫搬迁谋幸福、社会保障兜底与扶贫开发有效衔接等举措，成效显著。2014—2019 年，利川市累计减贫219119 人，141 个贫困村全部出列，贫困发生率从 2013 年年底的 27.4% 下降至 2019 年年底的 0.25%。2020 年 4 月，在经过县市自查、州级初审、省级第三方评估检查后，湖北省人民政府公示公告利川市退出贫困县序列，利川市脱贫攻坚阶段性目标如期完成。坚持党的领导，压实脱贫攻坚责任，强化扶贫领域作风建设，加大扶贫资金投入支持力度，坚持扶贫先扶志与扶智，因地制宜兴产业，壮大村级集体经济，构筑"三位一体"全社会合力扶贫大格局，是利川市精准扶贫、精准脱贫的宝贵经验。在脱贫攻坚由非常态"攻坚战"进入常态"持久战"之时，利川市正在继续探索"后 2020 年升级版"的可持续减贫之路。

关键词：利川市；精准扶贫；政策体系；专业扶贫；行业扶贫；社会扶贫；经验分享

Abstract: Since the mid-1980s, Lichuan county has experienced four development stages, including "large-scale development-oriented poverty alleviation" "the Seven-Year Priority Poverty Alleviation Program" "poverty alleviation development in the new era" and "targeted poverty alleviation", in order to explore the path of rapid economic and social development, and the improvement of people's well-being. Focusing on the "six precision" and "five batches" oriented approach in order to eliminate poverty, since the 18th National Congress of the Communist Party of China, Lichuan Municipal Party Committee and Municipal Government have established systems and mechanisms for targeted poverty alleviation, issued a series of guidelines for targeted poverty alleviation and targeted poverty reduction. Comprehensive measures have been conducted with successful achievements, including improving infrastructure, developing special entity industries, strengthening the new economic growth point of home-stay tourism, exploring the e-commerce poverty alleviation model, tackling unemployment, using financial loans to improve financial stability, preventing poverty through education, improving medical services to protect health, combining ecological protection measures with poverty alleviation and development, relocating people in poverty to a good location to seek happiness, as well as providing basic social security for extremely poor people. From 2014 to 2019, a total of 219, 119 people in Lichuan county were no longer living in destitution, with all 141 previously poverty-stricken villages no longer being classified as poor. The incidence of poverty decreased from 27. 4% at the end of 2013 to 0. 25% at the end of 2019. In April 2020, after internal examination at county level, preliminary examination at state level and third-party assessment at provincial level, with the announcement of the People's Government of Hubei Province to withdraw Lichuan from the list of poverty-stricken counties, the goal of tackling poverty in Lichuan county has been completed as scheduled. Adhering to the leadership of Chinese Communist Party, consolidating responsibilities, strengthening the construction of work style, increasing investment and support of poverty alleviation funds, sticking to the project initiative and wisdom, promoting the industry according to local conditions, strengthening the village-level collective economy, and building a "trinity" pattern of joint society poverty alleviation are valuable experiences that have been gained through Lichuan's targeted poverty alleviation and reduction project. While poverty alleviation has been transformed from an extraordinarily "tough battle" into a normal "protracted war", Lichuan county continues to explore the road to sustainability of the "post-2020 upgraded version".

Key Words：Targeted Poverty Alleviation, Policy System, Lichuan County, Professional Poverty Alleviation, Poverty Alleviation in the Field, Social Poverty Alleviation Experience Sharing

目　　录

一 利川市经济社会发展的
历史变迁

利川市历史悠久，文化厚重，且是少数民族地区，其发展变化是中国 832 个贫困县（市）的缩影。

（一）利川市基本情况

利川地处湖北西南边陲，西靠蜀渝，东接恩施，南邻潇湘，北依三峡，与重庆四县两区交界，隶属恩施土家族苗族自治州，系湖北西大门。宜万铁路、渝利铁路连贯东西，沪蓉西、沪渝、利万高速四通八达，318 国道、326 省道阡陌纵横。利川靠近重庆、宜昌、恩施、万州四大机场，可谓是鄂渝边际的窗口城市。

利川是一座古老的城市，上古为廪君地，周属巴国，秦属黔中郡，汉属南郡，北朝北周置盐水县（清江古称盐水），唐、宋并盐水县入清江县，元、明、清建土司政权，清雍正十三年（公元 1735 年）"改土归流"设利川县，1986 年经国务院批准撤县建市。利川辖 8 个镇 4 个乡两个街道、585 个村（社区），国土面积 4607 平方千米，总人口 95 万，是恩施土家族苗族自治州面积最大、人口最多、区位和自然条件独特的县级市。

利川地处巫山流脉和武陵山北上余支交会部，为清江、郁江发源地。境内万山重叠，沟壑纵横，道路崎岖，关隘四塞，历为楚蜀屏障、军事重地。北部为利中盆地，清江自西向东横贯利中盆地，平川大坝与山地丘陵镶嵌两岸，土地肥沃，物产丰富，为"有利之川""大利之川"，故名"利川"。

利川自然资源丰富，是生机蓬勃的开发热土。生物资源富集，素有"坝漆之乡""水杉之乡""莼菜之乡""黄连之乡""山药之乡""红茶之乡""野生植物之乡"美誉，黄连、莼菜和山药获得国家地理标志产品称号。境内可供开发的水能资源 50 万千瓦，风能资源 80 万千瓦，天然气储量达 800 亿立方米，页岩气储量达 3440 亿立方米，已探明煤炭储量 1 亿吨，硫铁矿储量 1.5 亿吨，石膏矿储量 144 亿吨，生物礁大理石储量 200 万立方米。

利川是生态宜居的避暑胜地。森林覆盖率达 65%，平均海拔 1100 米，年均气温 12.5℃，夏无酷暑，冬无严寒，被誉为"天然氧吧、避暑凉城"。利川有世界容积量最大的腾龙洞、第四纪冰川时期幸存下来的水杉树种、中国南方最大的山地草场齐岳山、江南明清庄园大水井古建筑群落、千年土家古堡鱼木寨、国家级自然保护区星斗山。利川成功创建了中国优秀旅游城市、国家园林城市，荣获"中国凉爽之城"称号。

利川文化源远流长，境内生活着土家族、苗族、汉族等11个民族，其中以土家族和苗族为主的少数民族约占59.2%。利川民族文化底蕴深厚，荆楚文化、巴蜀文化在这里交会形成独具特色的"巴楚文化历史冰箱"，民族风情十分浓郁。流传千年的民风民俗、门类繁多的民族艺术、别具一格的民族服饰、风味独特的民族饮食，构成了浓郁而独特的民族文化。境内的利川灯歌、利川小曲、肉连响号称"利川三绝"（肉连响、利川灯歌先后被国务院公布为国家级非物质文化遗产）。流传着丰富的山民歌，保留着很多优秀的传统习俗和民间工艺。利川是世界优秀民歌之一《龙船调》的故乡，利川曾荣获"中国民间文化遗产旅游示范区""全国文化先进县市""中国歌舞之乡""中国诗词楹联文化城市""十佳书香县市""湖北省作协创作基地""湖北摄影之乡"等称号。

在全市人民的共同努力下，利川的经济社会取得了长足发展。2014年，全市农业户籍人口786972人，建档立卡贫困人口 215801 人，贫困村 141 个，贫困发生率为 27.4%，是全省贫困人口最多的县级市。截至 2019 年年底，全市已累计脱贫 66209 户 219119 人，141 个贫困村全部出列，贫困发生率下降至 0.25%，各项指标达到贫困县退出标准。2019 年，全市实现地区生产总值 204.89 亿元，增长 6.7%，首次突破 200 亿元，经济总量迈上新台阶。全市规模以上工业增加值增速 10.1%，高于恩施州平均水平 9.6 个百分点，高于上年同期 7.1 个百分点。全市固定资产投资完成额同比增长 17.9%，高于全州平均水平 7.9 个百分点，高于上年同期 3.5 个百分点。全市旅游综合收入保持增长，共接待游客超 1800 万人次，实现旅游综合收入 108 亿元，同比增长 24.54%。全市居民人均可支配收入为 18000 元，增长 9.77%，其中城镇和农村常住居民可支配收入分别为 31429 元和 11533 元，分别增长 9.06% 和 10.6%。

（二）利川市减贫发展的历史进程

自 1986 年中国实施"七五"计划以来，利川市扶贫工作按照中央的统一部署，与全国其他地区一道先后经历了大规模开发式扶贫、八七扶贫攻坚、新时期扶贫开发、精准扶贫四个发展阶段。

1. 大规模开发式扶贫阶段（1986—1993 年）

1986 年，国务院成立贫困地区经济开发领导小组，安排专项扶贫资金，制定有利于贫困地区和贫困人口的优惠政策，确定了开发式扶贫方针。按照 1985 年农民人均纯收入计算，根据农区县低于 150 元，牧区县低于 200 元，革命老区县低于 300 元的标准，确定了 331 个国家重点扶持贫困县，在全国范围内开展有计划、有组织、大规模的开发式扶贫工作。

1986 年，利川市人均纯收入在 150 元以下的贫困人口有 40.3 万人，占全市农业人口的 59.2%，被国务院确定为全国第一批重点贫困县（市）。利川市委、市政府成立利川市扶持贫困地区经济开发领导小组，设立领导小组办公室，根据自然资源、地理条件和市场情况，结合当时的贫困状况，确立扶贫开发的思路，即围绕解决温饱问题，增强"造血"功能，以开发资源优势，发展区域性商品生产为重点，走抓好粮食生产，开发农畜产品十大商品基地，逐步形成科研—生产—加工—销售服务一条龙的路子。根据这一思路，利川市制订出分两步走的脱贫规划："七五"期间解决大多数群众的温饱问题，并培植后劲，奠定脱贫致富的基础；"八五"和"九五"期间脱贫致富，为大规模经济开发积蓄力量，根据全市低山、二高山、高山的不同特点，开发适合本地发展的产业，并在抓好粮食生产的同时，抓好六大特产（黄连、烤烟、油菜、茶叶、柑橘、猕猴桃）基地的建设和烟叶支柱产业的发展。

1986—1993年，利川市重点开发粮食、烟叶、黄连、茶叶、林果产业，投入1417万元扶贫资金，建立"两杂"制种基地和马铃薯脱毒种薯基地，推广粮食生产十项适用技术，实施"温饱工程""丰收计划"。在高山乡镇推行苞谷地膜覆盖栽培和营养块（钵）两培技术，粮食人均占有量从1989年的160公斤提高到1993年的252公斤，高山地区群众基本解决吃饭"老大难"问题。利川市人均粮食占有量从1986年的307公斤上升到1993年的348公斤，多数贫困户基本解决温饱问题。同时，利川市投入1150余万元，进行农村基础设施建设，完成2.58万亩的基本农田建设，新增通车里程486千米。在此期间，利川市经济总量稳步增长，地区生产总值由1986年的2.21亿元增长到1993年的5.5亿元，其中工业总产值由1986年的1.21亿元增长到1993年的4.27亿元，当年工业总产值再次超过农业总产值；农业总产值由1986年的1.62亿元增长到1993年的4.07亿元；农民人均纯收入由1986年的68元增长到1993年的328元；市级财政收入由1986年的3469万元增长到1993年的7717万元。

1993 年，利川市贫困人口数量比 1986 年减少 19.1 万人，比 1990 年减少 11.1 万人。

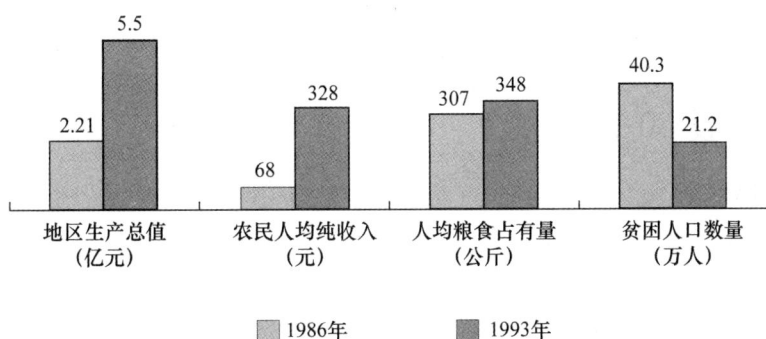

图 1 - 1　1986 年和 1993 年利川市主要减贫指标

资料来源：利川市扶贫办。

2. 八七扶贫攻坚阶段（1994—2000 年）

1994 年 3 月，国务院公布实施《国家八七扶贫攻坚计划》，标志着中国进入扶贫攻坚阶段。《国家八七扶贫攻坚计划》明确提出，集中人力、物力、财力，动员社会各界力量，力争用七年左右的时间，基本解决农村贫困人口的温饱问题。

1994 年，利川市人均纯收入在 530 元以下的贫困人口有 5.4 万户 20.6 万人。利川市委、市政府在认真总结"七五""八五"头三年（1991—1993 年）扶贫开发工作的基础上，广泛深入地对社会、经济状况及发展潜力进行调查分析，提出"稳定解决群众温饱、基本摆脱贫困"的总任务要求。具体举措是：围绕强化粮食生产"一个基础",建设烟草、能源、建材、化工、畜禽养殖、林业特产"六大支柱"产业,实现工业从卷烟厂、化肥厂、水泥厂、盐厂、制药厂、水电总公司、煤矿、林化总厂八大龙头企业上突破,农业从建设80万亩粮食、20万亩烟叶、50万头出栏生猪、50万头(只)牛羊、10万亩茶叶、20万亩药材、40万亩经济林、10万亩蔬菜、50万亩速生丰产专用林、1万亩莼菜十大基地上突破,乡镇企业、个体私营经济、城镇建设从"六大重镇""十大小区"上突破,扶贫攻坚从"一人一亩基本农田、一人一亩经济林木或经济作物、一户一个科技明白人、一户一个经济庭院、一户向二三产业转移一个劳动力、一户出售一头商品畜"上突破,财源建设从"四源"上突破等"五个突破"目标。

1994—2000年,利川市收到国家扶贫贴息贷款11340万元,实施建设项目127个,其中种植业项目42个、养殖业项目25个、乡镇企业项目21个、富县工业项目两个、移民开发项目两个、其他项目35个。市政府相关部门投入财政扶贫资金6776万元,实施片区综合农业开发和基础设施建设。到2000年年底,利川市全面完成"八七"扶贫攻坚计划的各项指标,实现当时标准下的整体脱贫,扶贫开发工作全面转向稳定脱贫、加快小康建设阶段,贫困人口变为4200户

1.47 万人；地区生产总值增长到 20.53 亿元，其中农业总产值增长到 13.93 亿元；人均纯收入达到 1536 元，比 1993 年的 328 元增加了 1208 元；转移劳动力 27 万人，实现户均转移 1 个劳动力；农村人均粮食占有量达到 511 公斤；累计发展高效经济林 75 万亩，人均 1 亩；解决 64.73 万人饮水困难问题，占农村人口的 87.3%；531 个村通公路，占比达 93%；新增电力装机容量 3.5 万千瓦，571 个村实现村村通电。

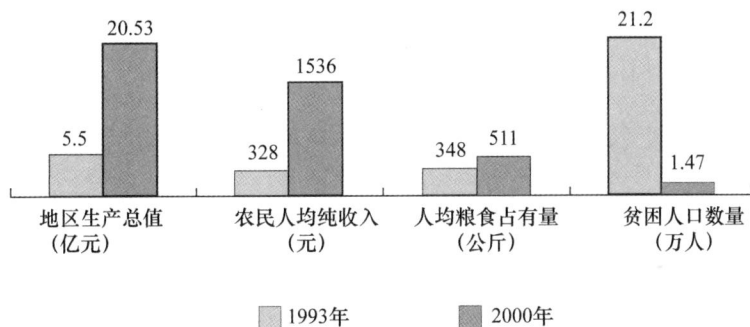

图 1-2　1993 年和 2000 年利川市主要减贫指标

资料来源：利川市扶贫办。

3. 新时期扶贫开发阶段（2001—2010 年）

2001 年 6 月，国务院印发《中国农村扶贫开发纲要（2001—2010 年）》（以下简称《纲要》），标志着中国农村扶贫进入了一个新时期。《纲要》提出要尽快解决贫困人口的温饱问题，进一步改善贫困地区的基本生产生活条件，巩固温饱成果，提高贫困人口的生活质量和综合素质，加强贫困乡村的基础设施建设，改善生态环境，逐步改变贫困地区经济、社会、文化的落后状况，为达到小康水平创造条件的目标任务。《纲要》明确以贫困村为重点扶贫对象，在全国开展整村推进扶贫工作，推动中国扶贫工作进入到整村推进式扶贫阶段。

"十五"期间，利川市重点扶贫对象为农村低收入群体相对集中的 313 个贫困村和尚未解决温饱问题的贫困人口、初步解决温饱问题的绝对贫困人口和低收入群体、具备一定劳动力的贫困残疾人。"十一五"期间，利川市扶贫对象为 25.3 万绝对贫困人口和低收入人口、饮水不安全的 29.2 万人、不通公路的 35 个村、没有卫生室的 100 个村。

在新时期扶贫开发阶段，利川市扶贫工作以"1234"（以经济建设为中心，打牢基础设施建设和经济发展环境两大发展基础，狠抓经济结构调整、国企改革发展、项目建设三大重点，确保财政收入稳定增长、农民收入稳定增加、社会秩序稳定安定、社会事业稳步发展四大指标）为工作目标，坚持"开发开放、政府主导、社会共同参与、到村到户、持续发展、全面进步"的开发式扶贫方针，巩固温饱成果，提高低收入人口的生活质量和综合素质，加强基础设施建设，改善生态环境，增强自我发展能力，为达到小康水平打牢基础。

2001—2010 年，利川市继续加大农村基础设施建设力度，努力改变生产条件；继续落实帮扶责任制，突出整村推进、产业扶贫、"雨露计划"等重点工作，走专项扶贫、行业扶贫和社会扶贫相结合的路子，农村经济全面发展。在此期间，利川市投入扶贫资金 22556 万元，支持农村产业发展、基础设施建设、整村推进、新农村建设等；建设农村公路 3859.6 千米、水池 1958 口、水窖 3592 口、沼气池 50785 口，扶贫搬迁 2633 户，新建和改造产业基地 18.93 万亩，发展经济林 8350 亩，种植经济作物 27609 亩；实施整村推进村 88 个和新农村建设试点村 21 个。2010 年，利川市农业产值提高到 22.18 亿元，地区生产总值提高到 52.78 亿元，粮食产量提高到 44.22 万吨，农村人均纯收入增长到 3100 元，参加新型农村合作医疗人数增加到 75.69 万人。

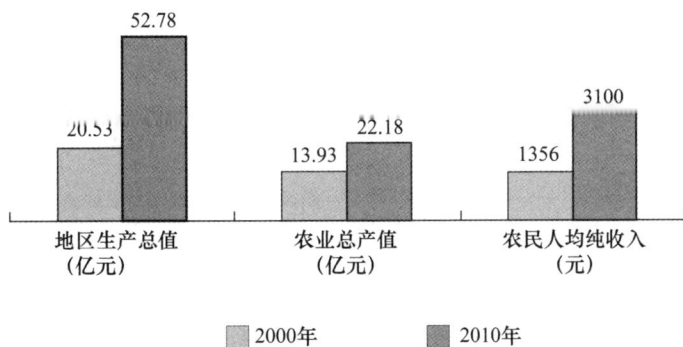

图 1-3　2000 年和 2010 年利川市主要减贫指标

资料来源：利川市扶贫办。

4. 精准扶贫新阶段（2011—2020 年）

2011 年 12 月，中共中央、国务院印发了《中国农村扶贫开发纲要（2011—2020 年）》，扶贫形式从绝对贫困到转型性贫困，扶贫重点把连片特困地区作为扶贫开发主战场，扶贫任务从以解决温饱问题为主到"两不愁三保障"，扶贫方针实行扶贫开发和农村最低生活保障制度有效衔接，实施区域瞄准和村到户瞄准相结合的减贫战略。2013 年年底，习近平总书记首次提出了"精准扶贫"理念。2014 年年初，中共中央办公厅、国务院办公厅印发《关于创新机制扎实推进农村扶贫开发工作的意见》，对中国扶贫开发工作做出战略性创新部署，提出建立精准扶贫工作机制。自此，扶贫开发进入到了精准扶贫新阶段，2015 年提出"六个精准"。2015 年 11 月 29 日，中共中央、国务院发布《关于打赢脱贫攻坚战的决定》，精准扶贫进入脱贫攻坚阶段。2018 年 6 月 15 日，中共中央、国务院印发《关于打赢脱贫攻坚战三年行动的指导意见》，脱贫攻坚进入决战决胜阶段。

2011 年利川市有当时标准下相对贫困人口 25.3 万人，2013 年，进行新一轮建档立卡，识别贫困人口21.6 万人，贫困村 141 个。党的十八大以来，利川市委、市政府认真贯彻落实习近平总书记关于扶贫开发的重要论述，把农村贫困人口如期脱贫，贫困县摘帽，解决区域性整体贫困当作全面建设小康社会的重大政治任务，当作头等大事和第一民生工程来抓，坚持以脱贫攻坚统揽经济社会发展全局，落实各级党委政府一系列脱贫攻坚部署，层层压实脱贫攻坚责任，全面落实脱贫攻坚政策，尽力夯实脱贫攻坚基础，取得脱贫攻坚重大成果。

2014—2019 年，利川市累计投入扶贫资金 124.6 亿元，支持产业发展、农村基础设施和基本公共服务建设。截至 2019 年年底，利川市建成特色产业面积达 161.3 万亩，农村人口人均拥有特色产业 2.5 亩，发展特色产业带动有劳动能力贫困户 49001 户，特色产业带贫率 94.03%。新型经营主体 4340 家。利川市建成集中供水 2680 处，20 人以下分散工程 690 处，累计解决 26.01 万农村居民的饮水安全问题，农村人口饮水安全问题全部得到解决。农村公路通车总里程达到 7247 千米，开通农村客运线路 143 条，农村客运车辆 692 台 10478 座。4G 基站建设累计已达 2962 个，固定互联网宽带接入用户 239883 户。地区生产总值由 2011 年的 64.77 亿元增长到 2019 年的 204.89 亿元，农业总产值由 2011 年的 25.48 亿元增长到 2019 年的 65.87 亿元，农村常住居民人均可支配收入由 2011 年的 3930 元增长到 2019 年的 11533 元。截至 2019

年年底，利川市贫困人口减少到1933人，141个贫困村全部脱贫出列，贫困发生率下降到0.25%。利川市经湖北省贫困县退出第三方评估检查，已达到贫困县退出的标准和条件，湖北省人民政府已批准利川退出贫困县。

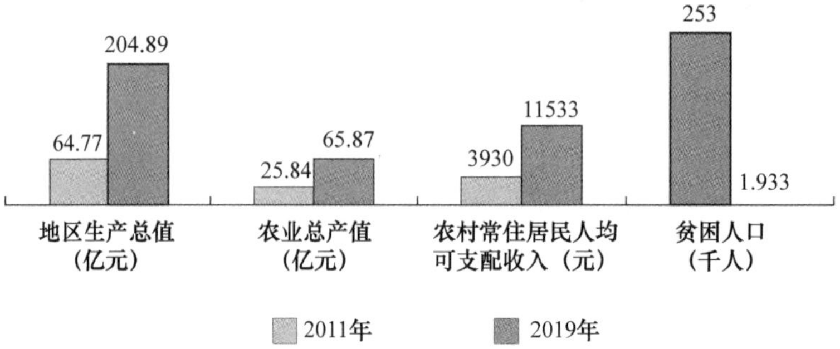

图1-4　2011年和2019年利川市主要减贫指标

资料来源：利川市扶贫办。

（三）利川市精准扶贫面临的严峻形势

利川市境内山地、峡谷、丘陵、山间盆地及河谷平川相互交错，60%以上的面积属于高山、二高山地区，人均耕地占有面积不足2亩，集老少边穷于一体，社会经济发展水平滞后，产业带动脱贫能力弱，基础设施及公共设施历史欠账多，整体性贫困问题突出，呈现贫困面大、贫困人口多、贫困程度深的特点，脱贫攻坚形势复杂严峻。

1. 整体性贫困状况及其特点

第一，贫困人口绝对量大，贫困程度较深。截至2013年年底，利川市有建档立卡贫困村141个，占全市行政村总数的四分之一；建档立卡贫困人口有21.6万人，是全省贫困人口最多的县级市；贫困发生率为27.4%，接近湖北省贫困发生率（14.4%）的2倍，比全国贫困发生率高出20.2个百分点；同时在利川市西南片区的忠路镇、文斗乡、沙溪乡等地区，集中连片的贫困现状比较突出。

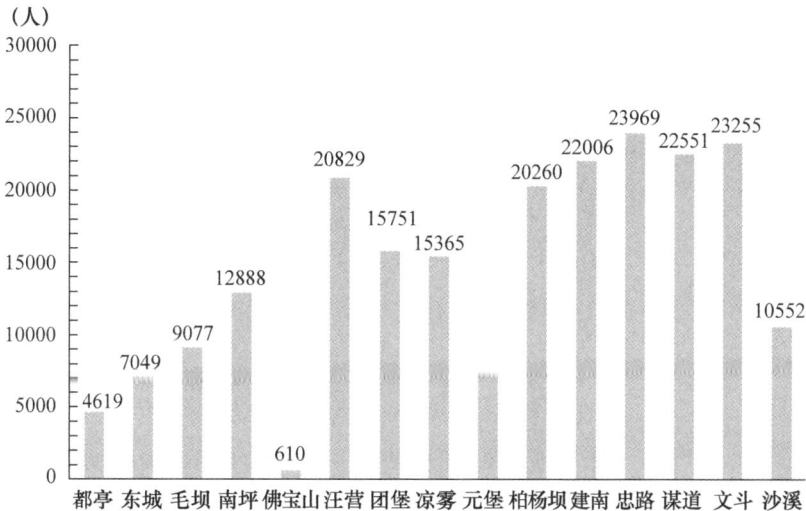

图1-5 2013年利川市贫困人口分布情况

资料来源：利川市扶贫办。

第二，经济发展水平低，产业结构不优。2013年利川市地区生产总值82亿元，人均生产总值仅12471

元，地方公共财政预算收入 7.72 亿元，农民人均纯收入 5195 元，分别是全省平均水平的 34%、36%、36% 和 59%。2013 年全市三次产业比为 34.7∶26.8∶38.5，工业化水平低，导致工业对农业的拉动作用不强，实现以工促农、工业反哺农业的能力十分有限。

第三，基础设施薄弱，脱贫致富障碍多。2013 年以前，利川境内不通动车和高速公路，内畅外联的交通网络还没形成；已建成的公路等级不高，全市 4296 千米道路中，等级公路 3932 千米，其中四级公路占 70%，等外级公路 364 千米；部分村民小组不通村组路或通路不通车。全市贫困人口大多分布在交通不畅、村民饮水及农田灌溉难的山区，26.1 万农村居民存在饮水困难问题，电力、通信等基础设施短板突出。

第四，社会事业发展滞后，基本公共服务供给不足。2013 年，利川市人均教育、卫生、社保和就业三项支出远低于国家平均水平；义务教育阶段师生比为 1∶1.85，每万人拥有卫生技术人员 29 人（职业医师），每万人拥有病床 32 张；全市 583 个村只有 311 个村有卫生室，且标准低；人力资源总量严重不足，高层次复合型人才严重缺乏，各类专业技术人员所占比重仅为总人口的 1.87%，科技创新对经济增长的贡献率低。

第五，生态环境比较脆弱，承载能力相对较差。

利川是国家级生态型限制开发区，产业发展与生态保护矛盾突出，产业发展和结构调整受到生态环境的制约。2013 年，利川有耕地 89.58 万亩，人均耕地面积不足 1 亩，是全国平均水平的 74%。其中，坡耕地面积 51.13 万亩，占耕地总面积的 49.93%。水土流失面积 140.50 平方千米，占土地总面积的 47.1%。

第六，城镇化水平低，辐射带动能力不足。利川市是一个以农业和农村为主的少数民族地区，城市规模小，城镇化水平低，2013 年城镇化率仅为 35.1%，比全国平均水平低 18.6 个百分点。利川市工业发展滞后、工业化水平低，城市就业压力大，辐射带动能力不足，吸纳农村的劳动力转移有限。

2. 贫困群体构成情况

第一，劳动力价值低效。在 2013 年利川市 21.6 万贫困人口中，具有劳动能力的人口有 10.5 万人，但技能劳动力仅有 505 人，占比 0.23%，贫困户中掌握技能的劳动力占比微乎其微。而在 10.5 万有劳动能力的贫困人口中，务工人员仅有 38784 人，占比 37%，更多的劳动力闲置，仅能通过其自身劳动力获得低额的经济报酬。

第二，老弱病残负担重。一方面，人口呈现老龄化。从贫困人口年龄结构看，2013 年利川市 16 岁以下的人口有 37934 人，占比 17.58%；16—60 岁的人口有 128515 人，占比 59.55%；60 岁以上的人口有 49353 人，占比 22.87%。少年儿童及老人占比超过 40%，贫困家庭对教育和养老的支出成为家庭最主要的开支。另一方面，因病、因残致贫的家庭占比较高。在 2013 年的 6.86 万贫困户中，因病、因残致贫家庭占比达到 47.82%，成为利川市贫困户最主要的致贫原因。据统计，患病及残疾人口 61802 人，其中患长期慢性病的 33147 人，占比 53.63%；患有大病的 6662 人，占比 10.78%；残疾 21993 人，占比 35.59%。大量的因病致贫家庭医疗刚性支出较大，且无法短期内减少支出，同时因残致贫家庭对劳动力的制约相较于其他原因致贫家庭更明显。

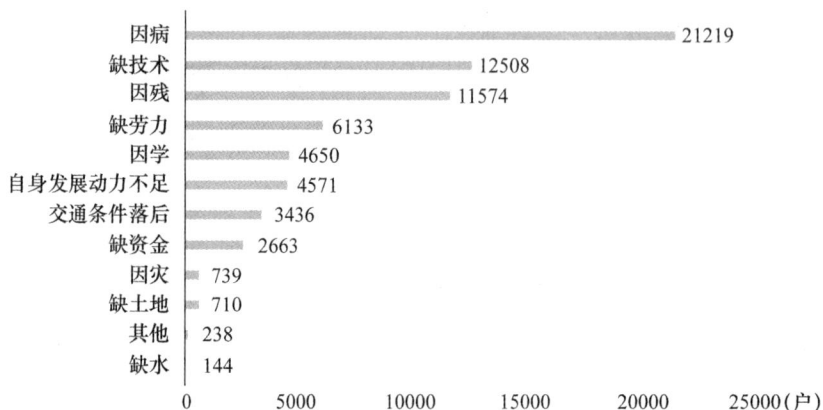

因病   21219
缺技术   12508
因残   11574
缺劳力   6133
因学   4650
自身发展动力不足   4571
交通条件落后   3436
缺资金   2663
因灾   739
缺土地   710
其他   238
缺水   144

0   5000   10000   15000   20000   25000(户)

图 1-6   2013 年利川市贫困人口致贫原因

资料来源：利川市扶贫办。

第三，人口素质普遍不高。一方面，贫困地区的部分农民，由于文化程度低、信息闭塞、经济意识不强，思想观念较为落后。利川市建档立卡系统统计非在校生文化程度显示，2013 年文盲或半文盲有 14762 人，占比 8.79%；学龄前儿童 7980 人，占比 3.7%；小学 62571 人，占比 37.25%；初中 70878 人，占比 42.19%；高中 10188 人，占比 6.07%；大专 2200 人，占比 1.31%；本科及以上 1171 人，占比 0.7%。贫困人口受教育程度普遍偏低，其中仅初中及以下文化程度人口占比达到 79.44%，人口素质普遍较低。加之，部分农户扶贫开发主体意识不强，没有树立通过自力更生、艰苦奋斗来改变贫困现状的主观意识，存在"等靠要"等依赖思想。

另一方面，缺技术致贫原因占比较大。2013 年在利川市 6.86 万贫困户中，缺技术致贫 12508 户，占比 18.24%。这些贫困人口对劳动技能培训的需求较大，而能够开展相关培训的机构严重不足。同时，在校学生中高中及以上学生占比只有 27.25%，受高等教育人口比例偏低，特别是职业技术类学校学生占比不到 8%，职业技术培训及推广存在局限性，不利于贫困代际传递的阻断。

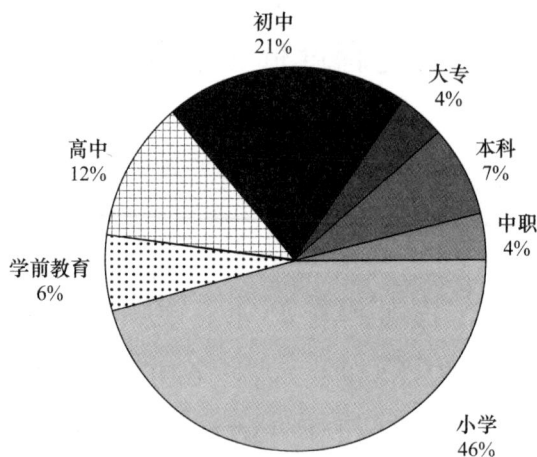

图 1-7　2013 年利川市在校生各学段占比

资料来源：利川市扶贫办。

从 20 世纪 80 年代中期以来，利川市减贫进程持续取得阶段性进展。尽管如此，进入 21 世纪第二个十年，利川市仍面临贫困人口基数较大、致贫原因多元、扶贫基础薄弱的困境。

二　利川市精准扶贫的机制与政策

党的十八大以来，针对扶贫脱贫具体工作中发现的新问题，尤其是扶贫制度的缺陷，中国政府推动扶贫战略新变化。2013年11月，习近平总书记在湖南湘西调研扶贫工作时，明确提出扶贫工作"要科学规划、因地制宜、抓住重点，不断提高精准性、有效性和持续性"。随后，中共中央办公厅、国务院办公厅相继印发《关于创新机制扎实推进农村扶贫开发工作的意见》和《建立精准扶贫工作机制实施方案》，标志着中国正式启动精准扶贫工作机制。利川市精准扶贫从2014年至2020年年初经历了从理念到实践、从政策设计到多重举措不断深化的过程。

（一）精准扶贫的内涵与实践

精准扶贫、精准脱贫基本方略的核心是做到"六个精准",即扶贫对象精准、项目安排精准、资金使用精准、措施到户精准、因村派人精准、脱贫成效精准。其要义是解决扶持谁、谁来扶、怎么扶、如何退四个问题。

1. 精准识别

精准识别是精准扶贫的首要环节,关系到扶贫资源瞄准和有效传递,因此扶持对象精准是"六个精准"的基础和前提。利川市确定了三个方面识别贫困人口的具体做法:一是确定识别标准,即采用国家统计局湖北调查总队 2013 年统计测算的贫困人口规模,以 2013 年农民年人均纯收入 2736 元的国家农村扶贫标准作为新一轮建档立卡扶贫对象的识别指导标准。以 2013 年 12 月 31 日为登记的标准时点。吃、穿发愁,义务教育、基本医疗、安全住房没有保障。二是确定识别程序,通过农户申请、民主评议、公示公告和逐级审核的方式,整户识别贫困户。三是确定贫困人口识别负面清单,包括:家庭有城镇购置商品房或异地自建(购买)住房的;有价值在 5 万元(含 5 万元),且能正常使用的家用小汽车、大型农机具(赠予除外)的;在党政机关、企事业单位或国企工作,有固定工作和稳定收入的;有私营业主和股东的;连续性缴纳住房公积金、社保费和领取养老金基数高的;

有现任村委主职干部及家属的；家庭成员具有劳动能力，无正当理由不愿从事劳动的，不履行赡养义务的；有赌博、吸毒、好逸恶劳、家庭不和谐等行为之一的；家庭承包耕地常年抛荒、流转、委托或长期雇用他人从事生产经营活动的；两年以上未回来居住的；对群众有质疑不能做出合理解释或群众举报其不符合扶贫对象情形的。与此同时，按照"一高一低一无"的标准，即行政村贫困发生率比湖北省贫困发生率高一倍以上，行政村 2013 年全村农民人均纯收入低于湖北省平均水平的 60%，行政村无集体经济收入。在此基础上，根据相关贫困因子量化评分后进行综合测算，识别认定建档立卡贫困村。按照上述标准，2014 年 5 月，利川市识别认定 6.9 万户 21.6 万人的建档立卡贫困人口、141 个建档立卡贫困村。

此外，精准识别还需对贫困户属性进行基本分类，即一般贫困户、低保贫困户、五保贫困户三类；找准致贫原因，主要有因病、因残、因学、因灾、缺土地、缺水、缺技术、缺劳力、缺资金、交通条件落后、自身发展动力不足等；界定贫困家庭的劳动能力，分为普通劳动力、技能劳动力、丧失劳动力、无劳动力四种。这些具体细节的规定，便于实际操作与精准甄别出"扶持谁"和"怎么扶"。

为确保贫困户建档立卡的准确度，利川市一方面通过定期开展动态更新，确保贫困对象"应纳尽纳"；另一方面从线上逻辑判断和线下信息核实两方面入手，确保录入信息与实际"账实相符"。利川在动态管理工作中，一是综合考虑衡量农户产业、住房、因病、因学、因灾等影响家庭开支的重要因素，将所有符合扶贫标准的贫困人口严格按照农户申请、村民民主评议、"两公示一比对一公告"的程序识别为新致贫、返贫对象；二是通过采取自下而上、村级核查的方式，以村为单位，组织乡村干部、第一书记和驻村工作队根据"两不愁、三保障"标准逐户调查摸底，核实基本信息，找出"失准"对象和"漏网"对象，并开展评议、登记造册、公开公示，市、乡两级逐级审核审查，无异议后在系统中新增入建档立卡范围；三是全面摸排已脱贫户中存在返贫风险和非贫困户中存在新致贫风险对象，建立台账、留存佐证资料，开展实时监测和帮扶，对突发自然灾害等不可控因素致贫，及时进行建档立卡。此外，利川市还通过系统培训管理员、运用大数据比对和建档立卡"APP"等方式，不断提高全市建档立卡数据信息的精准度。

2. 精准帮扶

精准帮扶是实现贫困人口脱贫的关键环节，回应"谁来扶、怎么扶"问题。一是确定帮扶责任人，按单位隶属关系分为州直、市直、乡直、村级帮扶人员。二是根据中共中央组织部、中央农村工作领导小组办公室、国务院扶贫开发领导小组办公室印发的《关于做好选派机关优秀干部到村任第一书记工作的通知》，精准选派驻村干部到基层实行定点帮扶，充分发挥驻村干部政策牵线、产业牵线、教育牵线、金融牵线等桥梁作用。三是全面彰显共享发展理念，持续关注地处偏远、基础条件相对较差的非贫困村，打破"贫"与"非贫"界限，全域推进脱贫攻坚工作，推动驻村帮扶力量均衡覆盖，实现基础设施建设均衡发展，确保贫困村与非贫困村、贫困户与非贫困户全员享受政策红利。四是将扶贫资金精准投放到村到户。利川市建立了资金整合"五统一分"机制（统一区域规划、勘测设计、招标采购、项目实施、检查验收，分头报账），对涉农项目及非农项目、上级安排及本级安排、当年安排及结转资金、存量资金及增量资金，应统尽统，瞄准贫困村、贫困户，精准实施扶贫项目，精准安排使用资金。利川市财政预算按当年财政收入增量的15%增列专项扶贫支出，当年清理回收可统筹使用的存量资金中50%以上用于精准扶贫。扶贫资金安排与扶贫项目数据库、减贫成效挂钩，切实做到"扶真贫""真扶贫"，增强扶贫资金的针对性和实效性。上述精细帮扶要点可大大改善以往贫困农户难以从扶贫开发中充分受益的问题。

3. 精准施策

精准施策是实现高质量脱贫的重要保证。利川市结合自身实际，因地制宜，找准突破口，有效推动了精准扶贫各项工作高质量发展。一是从注重规划系统推进、集中力量下沉帮扶、优先保障投入资金、聚焦产业增强"造血"、落实政策关怀民生、东西协作提升效益六大方面发力，确保精准落实"五个一批"（发展产业脱贫一批、易地搬迁脱贫一批、生态补偿脱贫一批、发展教育脱贫一批、社会保障兜底一批）脱贫措施。二是全面夯实产业发展基础，抓牢产业扶贫这一精准扶贫的核心，因地制宜兴产业。按照"一乡一业、一村一品、一户一策"的产业扶贫路径，建立"政府＋市场主体＋农户＋基地＋银行＋保险"的"六位一体"产业扶贫推进机制，培育民宿旅游产业等新生态，做大做强特色产业品牌。三是分年度确定扶贫脱贫政策重点，靶向发力。2014 年是精准扶贫战略启动之年，利川市确定贫困户和贫困村识别标准，锁定贫困规模，识别建档立卡贫困户 6.87 万户 21.6 万人、141 个贫困村，并完成数据录入工作；2015—2016 年是精准扶贫脱贫战略规划与推动之年，利川市以"精准扶贫、竞进小康、不落一人"为总要求，明确了 5 年集中攻坚、1 年巩固提高、全面建成小康社会的总体思路，规划了精准脱贫时间表和作战图，出台了干部驻村帮扶贫困村和贫困户工作的政策文件；2017—2019 年是决战决胜脱贫攻坚年，"尖刀班"包组到人，督战队查摆问题，持续推进"八个到村到户"，即干部力量下沉到村到户、精准识别佐证到村到户、基础设施提升到村到户、特色产业发展到村到户、人居环境整治到村到户、项目资金安排到村到户、惠民政策落实到村到户、群众工作深入到村到户，推进交通、信息、电力等补短板建设，紧盯"两不愁三保障"脱贫标准，着力解决突出问题和薄弱环节，重点围绕"到户十看"（一看不愁吃、二看不愁穿、三看义务教育有保障、四看基本医疗有保障、五看住房安全有保障、六看饮水安全有保障、七看社会保障兜底、八看残疾人两补、九看产业就业、十看其他政策落实情况）主要内容，逐村逐户逐人逐项落实，确保"户户达标"；2020 年是脱贫攻坚收官之年，施策重点是：克服新冠肺炎疫情影响，防止因疫情致贫返贫，推动剩余贫困人口脱贫；对已脱贫人口要持续落实帮扶政策措施，推动实现稳定脱贫；对边缘户等农村特殊困难对象，全面落实各项保障政策，严防新的贫困人口产生；深入开展脱贫攻坚"回头看"，持续巩固脱贫成果，探索脱贫攻坚巩固提升新机制、新路径。

4. 精准退出

精准退出是检验精准扶贫战略成败的关键。利川市对贫困人口和贫困村退出的标准和程序作出了明确规定。一是对于贫困户而言，退出标准是：以户为单位，主要衡量标准为该户年人均可支配收入稳定超过国家扶贫标准，且实现"两不愁、三保障"（不愁吃、不愁穿，义务教育有保障、基本医疗有保障、住房安全有保障），饮水安全有保障。贫困户退出程序：民主评议（由村"两委"组织相关人员召开民主评议会议，按照年度贫困人口脱贫计划，初步拟定贫困人口脱贫名单）→核实认可（贫困人口脱贫名单经村"两委"、驻村工作队核实，得到拟脱贫人口认可）→公示公告（脱贫名单经拟脱贫对象认可后，在村内公示，公示时间不少于10天。公示无异议后，公告脱贫，并于次年1月前在建档立卡贫困人口中销号）。贫困户脱贫档案包括：贫困户退出确认书，贫困户家庭可支配收入测算表，贫困户精准脱贫评估验收表，村民代表大会评议会议记录，贫困户脱贫审核确认情况公示，关于审核确认脱贫户的报告，脱贫户退出名单公示。

二是对于贫困村而言，脱贫出列标准是：以贫困发生率为主要衡量标准，原则上贫困村贫困发生率降至2%以下。统筹考虑基础设施、基本公共服务、产业发展、集体经济收入等综合因素。贫困村出列程序：调查核实（市扶贫开发领导小组组织相关部门，按照年度贫困村出列计划，对欲出列贫困村进行入村调查，摸底核实，确定符合出列标准的贫困村名单）→乡（镇）公示（对符合出列标准的贫困村，在乡或镇所在地公示，公示时间不少于10天）→公告出列（公示无异议后，由市扶贫开发领导小组报州扶贫开发领导小组审批后公告出列，于次年1月前在建档立卡贫困村中销号）。贫困村出列档案包括：贫困村出列申请，分户精准扶贫政策清单，贫困村统计年报（可支配收入、集体经济收入），出列评估验收表，民主评议会议记录，贫困村精准扶贫政策清单，乡镇初审意见；市（州）、县（市）核查意见，关于确认贫困村出列的报告与批复，贫困村出列名单公示。

因此，精准扶贫内涵中，精准是核心要义，体现了中国扶贫方式由"大水漫灌"向"精准滴灌"的转变，其重点是做到精准识别、精准帮扶、精准施策和精准退出四个环节。

（二）扶贫工作体系与机制

2014年年初，中共中央办公厅、国务院办公厅印发《关于创新机制扎实推进农村扶贫开发工作的意见》，对中国扶贫开发工作做出战略性创新部署，提出建立精准扶贫工作机制。在党中央、国务院的坚强领导下和湖北省委、省政府的统一指挥下，根据恩施州委、州政府的统一部署，利川市委、市政府始终把脱贫攻坚作为首要政治任务、头等大事和第一民生工程来抓，紧紧围绕"到 2020 年与全国同步如期实现脱贫"的中心任务、"六个精准""五个一批"，坚持目标导向，聚焦贫困问题，建立精准扶贫工作体系与机制。

1. 建立扶贫工作组织领导机制

利川市在 2014 年提出了"5 年集中攻坚、1 年巩固提高、全面建成小康社会"的总体思路，明确了年度目标和总目标，分年度制定滚动脱贫计划，层层签订脱贫责任书，形成了市、乡、村三级书记抓扶贫的工作格局。结合利川市实际，该市构建了由市委书记任政委、市长任指挥长、市"四大家"（党委、政府、人大、政协）分管领导任副指挥长的脱贫攻坚指挥部；建立了由脱贫攻坚指挥部统筹指挥，分管市领导任组长的"五个一批"工作领导小组；成立了 15 个由包乡镇市领导任指挥长，乡镇党委书记、乡镇长任副指挥长的乡镇前线指挥部，形成了"1 + 5 + 15"脱贫攻坚指挥调度系统。脱贫攻坚指挥部按照中央、省、州脱贫攻坚各项工作部署要求，对全市脱贫攻坚进行总体谋划与组织协调，对全市脱贫攻坚工作进行研究、检查和具体指导，研究批准全市脱贫攻坚政策与安排，具体由市扶贫开发办公室司职。扶贫工作中党政"一把手"负责制及自上而下组织网络的形成，为扶贫工作的有序、稳步推进提供了坚强有力的组织保障。

同时，利川市建立脱贫攻坚重点工作"即时通报表扬""末位发言"和"问题即时交办整改""线索即时移交处置"等工作制度，实行"日通报、周调度"指挥调度机制，对脱贫攻坚工作实施全程监管，倒逼脱贫攻坚责任落实上肩、重点任务落地见效。

2. 建立扶贫政策保障机制

利川市深入贯彻落实中央、省、州等关于精准扶贫的精神，出台了《关于打赢脱贫攻坚战的决定》，明确产业扶贫、搬迁扶贫、金融扶贫、教育扶贫、兜底保障等方面的政策措施。之后，住房安全、健康扶贫、教育扶贫、兜底保障、残疾人补贴、产业就业、生态补偿、城乡居民养老保险、高龄补贴、金融扶贫、饮水安全、交通建设、电力、通信等细化政策相继出台，为扶贫相关领域的工作提供了行动指南。

利川市坚持宣讲扶贫政策，讲好扶贫故事。利川市电视台开播了《扶贫政策直播间》节目，组织行业扶贫部门通过全媒体直播，采取网络、电话等现场互动答疑的方式，宣传讲解扶贫政策，现场解答群众疑问，提升《扶贫政策直播间》政策宣传的覆盖面。利川市把扶贫故事与扶贫政策相链接，开设《脱贫故事汇》《我的脱贫故事》《我的扶贫故事》三大全媒体专栏，深入基层一线挖掘，选取典型人和典型事，瞄准政策精准落实，凸显群众脱贫决心，先后宣传推介建南镇王永浩借力产业扶贫政策走上脱贫致富路、90后青年朱于昶主动脱去贫困户"帽子"等众多感人故事。这些创新性工作机制，使扶贫脱贫工作有章可循，且尽可能使贫困群众掌握这些政策要义。

3. 建立扶贫工作推进机制

利川市先后印发了《利川市关于打赢脱贫攻坚战的决定》《利川市关于打赢脱贫攻坚战三年行动的实施方案》等一系列全局性、指导性文件，将脱贫攻坚纳入全市"三指三组"（脱贫攻坚指挥部、六城同创指挥部、项目推进指挥部，从严治党工作领导小组、全面深化改革工作领导小组、社会建设与依法治市工作领导小组）双月重点工作协调督办工作机制，建立市"四大家"领导"两联一包"（联系重点项目、联系贫困村，包重点信访案件）工作述评机制，建立完善市领导包乡镇、乡镇领导包村、村"尖刀班"成员包组包户的脱贫攻坚责任体系。村"尖刀班"干部包组包户，责任到人，驻村干部做到岗位在村、工作在村、吃住在村、考核在村。在 2014 年以来的 6 年时间里，利川市先后组织召开 62 次市委常委会议、45 次市政府常务会议、125 次市脱贫攻坚指挥部调度会，专题研究部署利川市打赢打好脱贫攻坚战的重点工作。

2015 年 8 月，利川市印发《利川市精准脱贫时间表、作战图和军令状》，分年度确定脱贫目标任务，层层签订"军令状"，对照脱贫标准，确保按照时间节点完成脱贫攻坚目标任务。

此外，利川市还构建了快速决策处置机制。赋予乡镇前线指挥部扶贫项目实施最终决定权，经前线指挥部指挥长、副指挥长共同签字认可，作为项目立项、报账依据；对本乡镇脱贫攻坚工作中出现的困难和问题自主研究、自主决策，非特别重大问题不需逐级请示。

4. 建立脱贫攻坚责任机制

第一，强化乡镇扶贫主体责任。利川市签订精准扶贫、精准脱贫责任状，明确各乡镇（街道办）党委政府要对辖区内的扶贫开发工作负主体责任，成立乡镇脱贫攻坚前线指挥部，统筹协调辖区内部门驻村和干部联户帮扶工作；组织制定乡、村脱贫规划和产业发展规划，明确精准扶贫重点工作和责任清单；全面落实精准目标责任，确保按期保质完成本地区的精准扶贫、精准脱贫任务。

第二，强化行业部门牵头责任。利川市出台制定行业部门精准扶贫目标责任制考核办法，明确全市交通、水利、农业、住建、发改、电力等行业部门的行业扶贫职责，要求分行业研究制定相关扶贫实施规划，尽可能把政策、资金、项目向贫困村、贫困户倾斜，努力提升贫困村基础设施和公共服务水平，积极培育优势产业，为贫困村的发展和贫困户的增收脱贫创造良好的环境。

第三，强化部门驻村帮扶责任。利川市按照"抽硬人、硬抽人"的办法，从市、乡两级抽调人员组建驻村工作队，选派驻村"第一书记"，明确驻村帮扶责任，实行队长负责制，分年度对全市贫困村、非贫困村开展帮扶工作。利川市对有扶贫任务的村均选派了驻村扶贫工作队，工作队与村支"两委"一道组建村级"尖刀班"577个，"尖刀班"成员达4800多人，驻村帮扶实现"全覆盖"。2019年，利川市级共选派216名优秀干部到行政村担任第一书记（驻村工作队队长），15952名党员干部与贫困户结对帮扶，实现贫困户结对帮扶"全覆盖"。

第四，强化干部联户帮扶责任。利川市建立"领导包片、部门驻村、干部联户、分类帮扶"工作机制，明确市"四大家"领导、市直单位主职、各乡镇班子成员执行进村入户开展工作时间要求，明确各村"尖刀班"和所有结对帮扶干部坚持分类指导、因户制宜，做到项目覆盖到户、资金受益到户、帮扶链接到户，确保每一个贫困户得到有效扶持，扶贫对象不脱贫，结对帮扶不脱钩。利川市动员1.6万名党员干部按照"三个明确"（明确工作目标、明确帮扶途径、明确脱贫期限）要求对全市贫困农户实行"全覆盖帮扶、一对一施策"，做到"应保尽保、应扶尽扶"，确保精准扶贫下沉到村，扶持到户，贫困人口直接受益。

5. 建立扶贫项目资金管理和资金统筹整合机制

利川市按照下放扶贫项目立项、审批、验收权限，规范财政专项扶贫项目流程管理，建立健全项目申报、公示公告、招投标管理、检查验收、资金报账、审计问责、主体责任制度和主管人员的任期责任追究制度，且进一步明确了中央财政专项扶贫资金的使用和管理主体、实施主体和责任主体。利川市对标脱贫验收目标标准，严格按照"村级申报、乡镇审核、部门审查、县级审定"的程序编制全市脱贫攻坚项目库；按照"大类间打通""跨类别使用"的原则开展涉农资金整合，纳入整合方案、使用整合资金的项目，由主管部门在项目库中选择。具体而言，利川市坚持以统筹整合使用资金围绕脱贫攻坚为中心，实行以规划为引导、项目为载体、奖补资金为引领的统筹方式，坚持应统尽统、应投必投。该市搭建了"发展生产、生态补偿、发展教育、住房保障、社会保障、交通建设、水利建设、金融扶贫、公共服务、就业服务"十个统筹平台，分年度编制统筹整合财政涉农资金精准扶贫实施方案，进一步提高财政资金使用效益。同时，出台全市财政专项扶贫资金管理办法，建立资金双台账管理制度、统筹资金指标调整制度、资金审批拨付制度、资金支付报账制度、年终决算制度，进一步规范资金拨付流程，减少资金滞留，精准对接扶贫项目，切实发挥扶贫资金实效。

利川市涉农整合资金的使用，实行"负面清单"管理，即不得用于村级办公场所、文化室、文化广场（乡村舞台）、学校等公共服务设施建设，不得安排用于大中型基础设施建设，不得用于偿还债务或垫资等（包括但不限于这几项）。全面落实扶贫资金项目公告公示制度，按照"谁分配、谁使用、谁公开"的原则，分级分类做好市乡村公告公示工作。

6. 建立上下互动的扶贫督导督办检查问责机制

利川市建立了常态化督办检查制度，创新采取专班督查、暗访督查、考核验收、新闻调查、电视问政、购买社会服务等督办检查机制，推动脱贫攻坚工作的开展。就暗访督战督导制度而言，它由市脱贫攻坚指挥部统一抽调组建两支"督战队"，分别由市纪委书记、市委组织部部长带队，采取常规式暗访、"点穴式"督查、"戳脓包式"督查、"回马枪式"督查、随机抽村解剖等多种监督检查方式，开展脱贫攻坚督战工作。督战内容包括：扶贫项目和扶贫政策落实情况、乡村组织建设和干部驻村帮扶情况、扶贫领域信访矛盾和脱贫攻坚作战秩序等，以便及时发现问题、交办问题、督促整改，确保作风到位、纪律到位、工作到位。市委常委会每月听取 1 次督战汇报。不仅如此，2017 年 8 月，利川市向社会公布了"四大家"领导、乡镇和市直单位科级领导干部的手机号码，随时接待群众来信，畅通群众监督举报渠道，及时办理群众诉求，疏导化解群众矛盾。同时，利川市出台政策，通过政府购买社会服务的方式，强化脱贫攻坚的宣传和监督，充分发挥市场机制作用，鼓励社会各界对脱贫攻坚实行全方位的监督，确保各项工作精细落实。

7. 建立扶贫绩效奖惩机制

利川市出台了《利川市乡镇精准扶贫目标责任考评办法》和《利川市市直单位精准扶贫目标责任考评办法》，大幅度提高了扶贫开发在工作绩效综合考评中的权重，并配套建立了正向激励机制和负向约束机制，强化考评结果运用，切实把思想和精力聚焦到脱贫攻坚工作上，推进扶贫工作"全覆盖"。利川市出台的《利川市关于进一步激励广大干部新时代新担当新作为的实施方案》《利川市贯彻落实〈关于进一步激励关爱基层干部的意见〉的责任清单》等文件，全面落实基层干部减轻负担、待遇保障、关怀帮扶和压实责任等政策要求，激发干部干事创业的积极性。对于扶贫工作做出突出贡献的人员，所获荣誉情况记入个人档案，明确在干部提拔任用时优先，建立脱贫攻坚正向激励机制，坚定各级干部脱贫攻坚的责任担当，戮力同心打好打赢脱贫攻坚硬仗。例如，利川市将驻村帮扶工作成效作为评先表彰、提拔使用、晋升职级的依据，对驻村期间表现优秀的人员同等条件下优先使用，对不胜任、不履职、不作为的人员召回调整并严肃问责。按照责任倒查的原则，对脱贫攻坚中出现的不担当、不作为、慢作为、乱作为等问题进行追责问责，对全市扶贫领域"不担当、不作为、不落实"的典型案例进行通报。

利川市坚持模范榜样示范引领和反面典型打击警示相结合，持续开展脱贫攻坚"三十佳"（十佳帮扶干部、十佳帮扶企业、十佳脱贫之星）、脱贫攻坚榜样等评选表扬活动。2015年以来，利川市共组织评选推介脱贫致富榜样 120 人、驻村帮扶榜样 102 人和 28 个集体、社会帮扶榜样 60 个；组织开展"乡风文明我添彩"主题活动，逐月逐级选树先进典型，开展文明村镇和星级文明示范户评选，总结宣传脱贫典型，营造良好舆论氛围；对好逸恶劳、等靠要思想严重、不尽赡养义务等反面典型，采取公开曝光一批、依法打击一批、警示教育一批的方式，涤荡浊气，树立正气。

总之，利川市在精准扶贫工作中，以"四个全面"战略布局为统领，以"精准扶贫、竞进小康、不落一人"为总要求，党委、政府把扶贫开发作为一项重大政治责任和政治任务抓紧抓好，切实担当起精准扶贫的主体责任，层层压紧压实责任，传导压力，抓好落实，逐步完善扶贫工作机制建设。

（三）主要扶贫政策

利川市根据中央、省、州精准扶贫工作的相关文件精神，制定了市级实施措施的一系列配套政策，主要包括以下几方面。

1. 专项扶贫政策

第一，易地搬迁政策。利川市先后制定了《利川市"十三五"易地扶贫搬迁规划》《利川市"十三五"

易地扶贫搬迁实施方案》《利川市易地扶贫搬迁后续扶持工作实施方案》等。遵循自愿原则，按照行政村内就近集中安置、建设移民新村集中安置、依托小城镇或工业园区安置、依托乡村旅游区安置、插花安置、投亲靠友等方式，围绕改善搬迁对象生产生活条件和发展环境，建设住房和必要的附属设施，以及水、电、路、气、网等基本生产生活设施，配套建设教育、卫生、文化等公共服务设施。按照人均住房建筑面积不超过25平方米，安置25平方米、50平方米、75平方米、100平方米、125平方米五种户型标准，由政府统一建设，实行"交钥匙工程"，即易迁房建设完毕，房屋经过粉刷，通水、通电、通路，建有灶台，达到入住条件，经验收合格后，实行"交钥匙"。对于搬迁贫困户，以"易迁+X"模式（即：易迁+外出务工、易迁+旅游、易迁+产业园、易迁+资产收益、易迁+特色农业等）因地制宜，因户施策，多途径促进搬迁户脱贫增收，切实解决居住在"一方水土养不起一方人"的地方建档立卡贫困户的生存与发展问题，基本实现"五基"（发展基本产业、解决基本就业、保障基本公共服务、优化基层社区治理、强化基层组织建设）目标。

第二，危房改造政策。利川市农村危房改造对象主要分为两大类：一类是"四类"重点对象，具体指居住在危房中的建档立卡贫困户、低保户、五保户、贫困残疾人家庭；另一类是"其他类"对象，具体指除了异地搬迁、已建设或购买新房、家有危房但长期无人居住、儿女在机关事业单位工作、老人住危房但儿女在本村有安全住房、已签订拆迁合同或近三年内需要征迁、近两年内已享受过农村危房改造的七类以外的对象。利川市严格执行危房改造对象认定、信息录入、住房安全有保障认定和程序、质量安全和退出程序、建设面积控制等方面的标准，坚持以"村民自建为主，对无力自建且有统建意愿的农户，在签订四方协议基础上可采取统建的方式"为改造方式，以"D级危房建筑面积人均不超过25平方米（1—2人户可达到40—60平方米），附属设施不计入建设面积"为建设面积标准，以"各乡镇根据危改对象贫困程度、房屋危险等级、改造方式、建设标准、成本需求和补助对象自筹资金能力，合理制定不同类型、不同档次的分类分级补助标准，但C级危房的补助标准不得低于中央四类重点对象户均补助标准，D级危房每户不得高于3万元"为补助标准，切实解决贫困户住房安全问题。

第三，产业扶贫政策。2017年7月5日利川市发布《市人民政府办公室关于印发利川市产业扶贫实施方案（试行）的通知》，通过"政府引导、市场运作、企业带动、群众参与"的方式，采取"产业＋市场主体＋基地＋贫困户"模式，着力打造一批特色产业、优势企业。2018年11月6日利川市发布的《关于印发〈利川市"一乡一业""一村一品"责任清单〉的通知》，确定扶贫产业类型及发展规模，推进全市"一乡一业""一村一品"全面实施。利川市实施差别化的产业扶贫政策，① 重点支持香菇、茶叶、莼菜、马铃薯、旅游等特色产业发展。在扶贫资金、信贷等方面优先给予政策倾斜，制定具体奖补办法，包括：对有劳动能力且有产业发展意愿的贫困户，按照"一乡一业""一村一品"乡村确定的特色产业、优势产业，或"因户施策"确定的"一长两短"（一个长效产业、两个短效产业）发展增收项目，可由乡镇制定具体奖补办法，直接奖补到户，奖补额度户均不超过3000元/年；将产业扶贫资金折股量化给贫困户或贫困村，以股份形式整合投入市场主体，市场主体按照年不低

① 主要政策文件包括：《利川市香菇产业扶贫实施方案》《利川市茶叶产业扶贫奖励办法》（利农组〔2017〕2号）、《利川市西南片区莼菜产业发展扶持办法》《利川市田渔共生系统示范以奖代补实施办法》《利川市推进马铃薯主粮化建设"以奖代补"实施方案》（利农组〔2016〕5号）、《利川市发展山桐子产业扶贫实施方案试行》《利川市构树产业扶贫实施方案试行》《利川市油茶产业扶贫实施方案试行》（利政办发〔2017〕21号）、《利川市加快旅游产业发展的奖励办法的通知》（利政规〔2018〕4号）等。2018年2月28日，利川市发布了《关于印发〈利川市特色产业到村到户实施方案〉的通知》。

于 6% 的标准实行保底分红，并吸纳贫困劳动力稳定就业，流转贫困户土地经营权参与产业化经营，以订单帮扶、生产托管等形式带动贫困户发展生产；提供产业扶贫保险，对建档立卡贫困户种养户，对带动及参与精准扶贫的市场主体，实行种植养殖保险险种全覆盖，贫困户的保险费由扶贫专项资金全额承担；提供扶贫小额信贷，对贫困户发展产业给予 5 万元以下（2019 年），基准利率，免抵押，免担保，全贴息的扶贫小额贷款。产业扶贫政策目标是：实现"五个一"（每个村至少发展 1 个特色产业基地、引进 1 家龙头企业、建立 1 家以上农民专业合作社、组建 1 个集体经营公司，每个组力争培育 1 个家庭农场）全覆盖，保证有劳动能力的贫困户每户都能参与产业发展或者每户至少有 1 人稳定就业，优化利益联结机制，强化带贫效果，力促贫困对象增产增收。

第四，就业促进政策。利川市 2018 年 11 月 5 日发布《关于进一步做好就业扶贫工作的实施意见》，根据贫困劳动力实际需求，采取发展特色产业吸纳就近就地就业、开展就业创业培训提升就业、落实创业优惠政策带动就业、加强东西部劳务协作转移就业等措施，确保建档立卡贫困家庭有劳动能力和就业意愿的人员通过稳定就业实现脱贫。就业促进政策内容包括：贫困劳动力有创业意愿的，可免费参加创业培训，培训合格人员给予 800—1200 元培训补贴，补贴拨付到定点培训机构；建档立卡贫困人员自主创业，领取营业执照正常经营 1 年以上，给予 2000 元的创业补贴；对吸纳建档立卡贫困劳动力就业的农家乐，按照每吸纳 1 人补贴 2000 元的标准给予奖补，对建档立卡贫困劳动力创办农家乐并吸纳 3 人及以上就业的再给予 1 万元补贴，累计不超过 2 万元；贫困劳动力参加精准扶贫就业创业培训的，培训期间，给予每人每天 50—100 元的培训补贴（培训时长 1—7 天）；对正常经营 6 个月以上，带动建档立卡贫困劳动力 3 人及以上就业的各类经营主体，可申报创业扶持项目，经核查、评审后给予 2 万—10 万元的无偿资金支持；对吸纳建档立卡贫困人口就业，签订 1 年以上劳动合同、实现就业 1 年以上的，可按每吸纳 1 人补贴 2000 元的标准给予奖补，等等。

2. 行业扶贫政策

第一，基础设施扶贫政策。主要包括五方面内容：一是饮水安全扶贫政策。利川市按照"每天人均用水量不低于 60 升，人力取水往返时间不超过 10 分钟，或取水水平距离不超过 400 米、垂直距离不超过 40 米，供水保证率达 95% 及以上，水质安全"的标准，持续推进农村饮水安全标准化建设，全面解决农村居民饮水不安全问题。为彻底解决建档立卡贫困人口"饮水难"问题，利川市 2019 年 4 月 11 日发布《关于印发落实农村供用水"两免一补"政策方案的通知》，采取对建档立卡低保贫困户、五保贫困户实行免入户安装费，减免基本用水费，自建水池给予 1000 元/人补贴的政策。

二是电力设施建设扶贫政策。利川市坚持将电力设施建设纳入解决农村贫困问题的重要项目来抓，持续实施农村电网改造升级，全力推进基础设施建设，不断优化完善配电网结构，稳步提升供电保障能力和服务水平。主要政策目标是：完成机井通电工程，保证了全市农业灌溉用电需求；完成贫困村通动力电工程；完成全市易地扶贫搬迁工程 243 个集中安置点和 9709 户分散安置通电工程；完成全市 275 个村电力补短板、安全隐患整改工程，大幅提升贫困村供电水平，585 个行政村实现供电指标达标。

三是交通设施建设扶贫政策。利川市围绕"村村通沥青（水泥）路、村内主干道通沥青（水泥）路、自然村通砂石路"的总目标，持续推进农村道路交通项目建设，全面补齐全市农村道路短板，解决群众出行、物资运输等困难，提升农村路网整体群众满意度，助力脱贫攻坚。

四是通信设施建设扶贫政策。为达到行政村"宽

带村村通"的目标，利川市于 2015 年 3 月 20 日发布
了《市政府办公室关于印发利川市宽带乡村惠民工程
实施方案的通知》，2016 年 7 月 13 日制定《利川市
"宽带乡村"考核验收方案》，不断加大建设和投入力
度，加强工程项目管理，形成规范有序的管理体制，
确保工程如期完工。利川市 2017 年 11 月 2 日制定
《利川市 800M4G 移动互联网项目助推精准扶贫、信息
惠民实施方案》，2018 年 1 月 9 日制定《利川市
800M4G 移动互联网项目补贴实施方案》，力促实现
"农民办事不出村""农村网格化""农村医疗""远
程教育"等信息化功能。此外，为实现"光纤宽带通
村到户、4G 网络全域覆盖"信息扶贫的总体目标，利
川市 2019 年 3 月制定《利川市 2019 年信息基础设施
建设脱贫攻坚行动方案》，按照"光纤宽带通村到户、
4G 网络全域覆盖"的要求，全面完成全市行政村通光
纤宽带、4G 网络全域覆盖的建设任务，实现信息基础
设施建设脱贫攻坚目标。

五是建立健全基础设施管护机制。利川市于 2019
年 8 月 28 日发布《关于印发〈利川市村级公益设施设
备管护办法〉的通知》，全面建立健全农村供水、道
路、公厕等村级公益设施管护机制，确保村级公益设
施"村村有人管、处处有人护"，最大限度发挥作用。

第二，教育扶贫政策。利川市充分发挥"发展教

育脱贫一批"在推进精准扶贫中的基础性、先导性作用，全面落实各项国家资助政策，确保"应助尽助、不落一人"。为此，利川先后出台了一系列教育扶贫政策文件，包括《利川市西南片区建档立卡学生交通费补助实施方案》（2017 年 10 月 31 日）、《市人民政府办公室关于印发利川市关于进一步加强控辍保学提高义务教育巩固水平工作实施方案的通知》（2019 年 6 月 27 日）、《关于印发〈利川市义务教育学业补偿教育培训实施方案〉的通知》（2019 年 8 月 8 日）等。政策要点：一是落实国家助学金政策，对在籍在校建档立卡学生、农村低保学生、孤儿、特困救助家庭子女、残疾学生等给予交通补助。具体内容是：对利川市内普惠性公（民）办幼儿园（含幼儿班）在籍在园就读且户籍为忠路、沙溪、文斗的建档立卡学生，以每生每年 400 元标准，进行交通补助；对市内义务教育学校就读且户籍为忠路、沙溪、文斗的建档立卡在籍在校学生，以非寄宿学生每生每年 400 元、寄宿学生每生每年 200 元的标准，进行交通补助；对市内普通高中、中职学校就读且户籍为忠路、沙溪、文斗的建档立卡在籍在校学生，以每生每年 400 元的标准，进行交通补助。

二是给予各类贫困家庭学生生活补助。对市内义务教育在非寄宿学校就读，具有正式学籍的建档立卡学生、农村低保学生、农村特困救助学生、残疾学生，小学每生每年 1000 元（残疾学生每生每年 1250 元），初中每生每年 1250 元，进行生活补助。利川市自 2019 年秋季学期起，对义务教育非寄宿建档立卡学生、农村低保学生、农村特困救助、残疾学生，按照寄宿生补助标准 50% 的比例予以资助。

三是加强控辍保学，提高义务教育巩固水平。坚持"党的领导，依法防辍，目标导向、问题导向，因地制宜"的原则，成立利川市控辍保学工作领导小组，明确各级各岗位的控辍保学责任，细化目标任务，全面实现消除因贫辍学。

四是分年度出台"雨露计划"扶贫助学补助政策文件①，引导和支持农村贫困家庭新成长劳动力接受中等和高等职业教育，培养技能型人才。扶贫资助补助标准是：自 2017 年秋季学期起开始执行深度贫困地区标准，5000 元/人/学年（以前年度是 3000 元/人/学年）。补助方式有：生源地补助，即凡符合条件的贫困家庭，无论其子女在何地就读，均在生源地申请扶贫助学补助；直补到户，即通过"一卡（折）通"直接发放到贫困家庭，分期在春季和秋季学期发放。

---

① 例如，《关于做好 2016 年度"雨露计划"工作的通知》《关于做好 2017 年度"雨露计划"工作的通知》《关于做好 2018 年度"雨露计划"工作的通知》《关于做好 2019 年"雨露计划"工作的通知》等。

五是对于家庭经济困难的普通高校新生和在校生，提供生源地贷款，资助额度为：专科生、本科生8000元/学年，研究生12000元/学年。

第三，健康扶贫政策。利川市建立全面落实"四位一体"农村贫困人口健康扶贫政策，即"城乡居民基本医疗保险＋大病保险＋医疗救助＋补充医疗保险（兜底保障资金）"，全面推行贫困人口就医"一站式"结算服务。结算项目包括：居民医保、大额保险、医疗救助及建档立卡贫困户健康扶贫兜底保障。根据《恩施州人民政府办公室关于进一步完善农村贫困人口基本医疗保障扶贫政策的通知》文件精神，确保县域内农村贫困人口住院经"四位一体"结算后补偿比例提高到政策范围内90%左右，大病①、特殊慢性病②门诊医疗费用经"四位一体"结算后补偿比例提高到政策范围内80%左右，年度个人实际负担政策范围内医疗费用控制在5000元以内。农村贫困人口经批准转诊和异地居住人员经备案登记到县域外定点医疗机构就诊住院，政策范围内住院费用报销比例达85%，年度

---

① 列入健康扶贫政策的重症大病包括：慢性肾功能衰竭透析治疗、器官移植术后抗排异治疗、恶性肿瘤门诊放化疗、重性精神病、血友病（凝血因子治疗）、慢性粒细胞白血病。

② 列入健康扶贫政策的慢性病包括：糖尿病、再生障碍性贫血、高血压（极高危组）、慢性重型肝炎抗病毒治疗、帕金森病、帕金森综合征、类风湿性关节炎、系统性红斑狼疮、恶性肿瘤、慢性肾病（CKD3期以上）、肝硬化（失代偿期）、地中海贫血。

个人实际负担政策范围内医疗费用控制在 8000 元以内。对农村贫困人口参加城乡居民基本医疗保险所需个人缴费部分由市财政按 50% 的标准进行补贴（民政资助对象全额补贴），确保农村贫困人口全部纳入保障范围。

第四，生态扶贫政策。利川市作为武陵山片区国家生态补偿试点地区，政府落实生态公益林补偿政策，实施退耕还林工程，开展生态治理，发展绿色产业，加强生态保护等措施，对全市已建档立卡贫困户，优先纳入退耕还林还草、生态公益林补偿实施范围，增加生态补偿贫困人员收入，生产生活条件明显改善。生态扶贫政策主要内容：一是对贫困村具有水土保持和碳汇生态效益的生态林进行生态补偿。退耕还林补偿标准及年限：退耕还林种苗造林费为 400 元/亩，每亩 1200 元补偿给退耕农户，分三次兑现，第一年经检查验收合格后兑现每亩 500 元，第三年兑现每亩 300 元，第五年兑现每亩 400 元。

二是确定生态护林员机制。利川市 2016 年 10 月 10 日发布了《关于落实建档立卡贫困人口生态护林员有关事项的通知》，以每年每人管护补助费 4000 元的标准选聘建档立卡贫困人口生态护林员。为规范生态护林员的管理，保障生态护林员合法权益，建设高素质的管护队伍，推动森林管护事业健康发展，促进生态护林员增收脱贫，利川市 2017 年 3 月 20 日发布了《关于印发〈利川市生态护林员管理办法〉的通知》，规定了相关森林管护承包合同签订、终止和解除、管理和考核制度、管护承包费发放方式等。2018 年 11 月 9 日，利川市发布了《关于落实新增建档立卡贫困人口生态护林员有关事项的通知》，在做好原生态护林员计划的基础上，完成 2018 年度新增生态护林员的选聘及培训工作，签订森林资源承包管护合同、明确管护职责。2019 年 9 月 3 日，利川市发布《关于印发〈利川市 2019 年度天然林停伐管护补助实施方案〉的通知》，明确相关实施范围、规模及布局、实施措施及政策兑现标准，规定了相关管护职责。12 月 9 日，利川市发布了《关于开展 2019 年度建档立卡贫困人口生态护林员选聘工作的通知》，在全市选聘 3000 名贫困人口为生态护林员，所需管护承包费每人每年 4000 元。

第五，社会保障兜底政策。利川市关注那些没有劳动能力和生活常年困难农村人口的基本生活状况，自 2015 年以来发布了《市人民政府关于印发利川市城乡困难群众临时救助实施办法的通知》（2015 年）、《关于印发〈利川市精准脱贫社会保障兜底专项行动实施方案（2018—2020 年）〉的通知》（2018 年）、《关于印发〈利川市民政局精准扶贫兜底保障工作实施方案〉的通知》（2018 年）、《关于做好农村低保与扶贫开发政策有效衔接的通知》（2018 年）、《利川市人民政府办公室关于做好城乡低保审批权限委托下放工作相关事宜的通知》（2019 年）、《关于印发〈利川市残疾人基本服务状况和需求信息数据动态更新工作实施方案〉的通知》（2019 年）等系列政策文件。其主要内容：一是对城乡"低保户"家庭和农村"特困人员"的电费减免政策，补贴标准是：每户每月 5.3 元，由民政部门按月先行垫付，供电部门每半年集中返还民政部门。

二是对"家庭成员全部是老年人、未成年人的特殊贫困家庭"等四类建档立卡贫困人口中部分或完全丧失劳动能力、无法依靠产业扶持和就业帮助脱贫的家庭，实行政策性保障兜底，实现农村低保制度与扶贫开发政策有效衔接，确保实现社会保障兜底"应保尽保、应兜尽兜""不漏一户、不落一人"。农村居民最低生活保障标准逐年提高（见表 2－1 和图 2－1）。

三是对获得低保后生活仍然有困难的老年人、未成年人、重度残疾人和重病患者，按照具备生活自理能力、部分丧失生活自理能力、困境儿童和完全丧失生活自理能力三类标准，分别以低保标准的 30%、40%、50%增发补助资金，即每月 110 元/人、150 元/人、190 元/人（2019 年标准）。

四是对特困人员进行政府供养。特困人员指有本市户籍的无劳动能力、无生活来源且无法定赡养、抚养、扶养义务人，或者法定义务人无履行义务能力的老年人、残疾人以及未满 16 周岁的未成年人。供养标准按集中供养和分散供养两类、依不同年份而不同（见表 2-1 和图 2-1）。

五是针对残疾人的补贴政策，即困难残疾人生活补贴和重度残疾人护理补贴制度。补贴标准是：对全市享受城乡最低生活保障家庭中的残疾人，按 50 元/月/人的标准发放生活补贴；对残疾等级被评定为一级、二级的重度残疾人，按 100 元/月/人的标准发放重度残疾人护理补贴。利川市让丧失劳动能力的残疾人参加城乡居民医保，所需个人缴费资金由财政代缴，确保国家有关残疾人政策落到实处。

六是扶助贫困人口的养老保险政策。利川市为减轻贫困人员参保缴费负担，对建档立卡未标注脱贫的贫困人员，参加城乡居民养老保险的由县级财政为其代缴 100 元标准养老保险费，并在提高最低缴费档次时，对其保留现行最低缴费档次；对年满 60 周岁的、未领取国家规定的基本养老保险待遇的贫困人员，将其纳入城乡居民养老保险制度，并按月发放城乡居民基本养老保险待遇。

表2-1　利川市农村居民最低生活保障及农村特困人员供养标准（单位：元）

年份\类别	农村居民最低生活保障标准	农村特困人员集中供养				农村特困人员分散供养标准
		标准	全自理标准	半护理标准	全护理标准	
2013	1580	2100				1600
2014	1900	3100				2300
2015	2300	3300				2500
2016	3200	5100				4000
2017	3500	6300				5100
2018	4200		7200	8400	20739	7200
2019	4380		7920	9120	22456	7920

资料来源：利川市扶贫办。

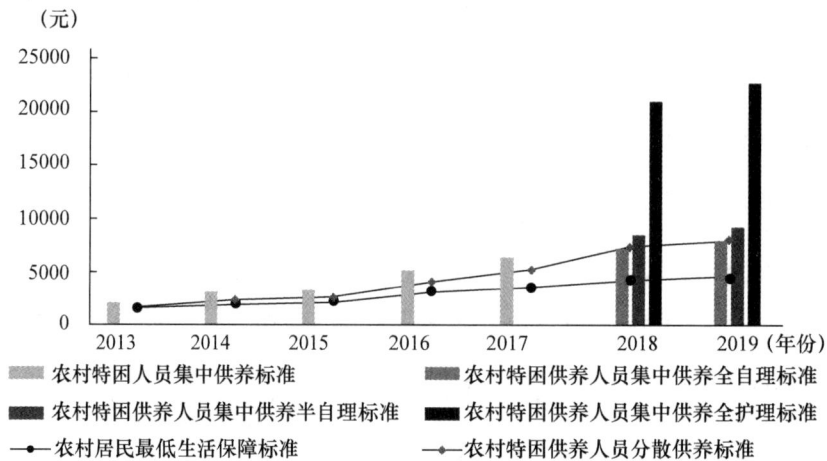

图2-1　利川市农村居民最低生活保障及农村特困人员供养标准

资料来源：利川市扶贫办。

3. 社会扶贫政策

利川市除了落实中央、省、州关于定点扶贫、东西部扶贫协作政策以外，大力动员企业和社会各界参与扶贫，2016 年 4 月 25 日利川市政府扶贫办发布了《关于印发〈"百企帮百村　脱贫奔小康"精准扶贫精准脱贫行动实施方案〉的通知》。目标任务是：以民营企业、基层商会和专业合作社为帮扶方，以各乡镇（办）建档立卡的贫困村为帮扶对象，以"签约共建"为主要形式，结合实际对全市 141 个建档立卡贫困村进行结对帮扶，力争用 4 年时间（2016—2019 年）帮助加快贫困村、贫困户脱贫进程。主要帮扶方式包括：第一，产业扶贫，即帮扶主体通过兴办产业基地、众筹资金、联办企业等方式，发展农产品加工业和特色种养殖业，带动贫困户借助利益联结机制实现增收致富。第二，就业扶贫，即帮扶方加大对贫困人口的专业技能培训力度，劳动力培训率力争达到 80% 以上，并努力拓展贫困户劳动力本地就业和外出务工空间。第三，公益扶贫，即帮扶方以贫困学生、重病患者、留守儿童、空巢老人、残疾人为重点，对贫困户开展捐资助学、医疗救助、生活救助等公益扶贫活动，并帮助联系村改善乡村环境。第四，乡村精神文明建设，即帮扶方把企业文化建设和文明村风培育结合起来，以形式多样的文化活动，不断丰富和繁荣帮扶贫困村的文化生活。为抓好政策落实，参与"百企帮百村　脱贫奔小康"的帮扶方可享受专项扶贫资金、行业扶贫项目、扶贫贴息贷款、整村搬迁项目、公益捐赠税前扣除等优惠政策。

　　上述各项精准扶贫政策的制定与实施，为利川市精准扶贫实践奠定了良好的制度基础，这是利川市精准扶贫取得明显进展和效果的制度保障。

三 利川市精准扶贫的主要举措

按照精准扶贫精准脱贫的目标、任务，利川市采取综合举措，努力改善贫困人口的生产、生活条件，提升贫困人口的自我减贫能力。

（一）完善基础设施

1. 基本内涵

现阶段，中国贫困比较突出的特征体现为贫困人口集中在地理位置偏远或地理环境较恶劣的特殊地区，这些地区受当地特殊的历史背景、地理条件限制等因素的影响，基础设施严重落后。利川市地处鄂西南边陲，是典型的位置偏远，地理环境恶劣的县市，其特殊的地理位置和环境导致该市基础设施建设落后，成为制约该市发展的最突出因素，也导致该市贫困基数大、贫困面广、贫困程度深。作为精准扶贫的重要工作环节，基础设施建设成为提高贫困地区生产效率的关键。有鉴于此，利川市立足市情实际，牢牢把握脱贫攻坚的科学方法，因地制宜、对症下药、靶向治疗，筹措资源，加大基础设施建设力度，重点改善路水电网等基础设施，为脱贫攻坚有序推进奠定坚实基础。

2. 主要措施和具体做法

第一，大力实施交通扶贫行动。根据贫困村人口和产业分布特点，利川市针对性地改善贫困村交通通达状况，推动基本公共交通运输服务向贫困村延伸、向贫困人口覆盖，形成了畅通完善的农村公路网，全面覆盖全市各乡镇、建制村。实施农村公路向自然村和户延伸工程，积极推进旅游快速通道、市乡道、村组路、产业路、"四好农村路"建设，打通景区间、乡镇间、村际间、产业基地间的"断头路"，畅通"微循环"，实现进村公路通畅、20户以上村民小组通硬化路、20户以下村民小组通砂石路目标。

第二，大力推进水利扶贫行动。针对山地水源少、水存贮难度大的实际困难，利川市大力实施水利扶贫行动，确保了农村饮水安全有保障。深度实施农村饮水安全工程建设，在人口密集、有水源条件的乡镇，兴建起一批跨村镇联片规模化集中供水工程；加大村级小规模供水工程整合力度，推进联村并网集中供水；大力实施小型集中供水和分散式供水工程标准化改造，提高水质合格率；持续开展农村水源保护工作，推进水源保护区划定，加强水质监测能力建设，完善农村饮水水质监测网络；对符合"低保政策兜底"条件的贫困户，实行集中供水免收基本用水费和入户安装费的"两免一补"政策，对分散供水自建水池给予适当补助。加大水利设施建设力度，积极推进小型水利设施建设，新建改造农田水利基础设施，实施高效节水灌溉。对病险水库塘堰进行除险加固，加强防洪工程建设和运行管理；推进实施水土保持和水生态建设工程，建立完善河长制，综合整治河道，改善水生态环境。

第三，大力实施电力扶贫行动。以保障农村生产生活用电为总目标，持续实施农村电网改造升级，同步推进易地扶贫搬迁安置点电力设施建设，提高供电能力和电压质量。推进农村"一户一表"改造工程，加大农村房屋老旧电器线路改造力度，全面消除安全隐患。大力推进可再生能源开发利用，加快推进风力发电扶贫项目建设，增加贫困群众收入。

第四，大力实施网络扶贫行动。完善电信普遍服务补偿机制，引导电信企业加大投资力度，实施光纤到村、信号到户工程，推进农村通信基站建设，实现

4G 网络信号深度覆盖；加大光纤网络建设力度，实施农村宽带进村入户工程，实现建档立卡贫困村宽带网络覆盖；鼓励电信企业针对贫困村和贫困群众推出资费优惠举措，鼓励企业开发助力精准脱贫的移动应用软件、智能终端。

第五，强化落实住房安全保障政策。针对易地扶贫搬迁政策，利川市积极完善基础设施建设和公共服务配套，加强易迁后续产业发展和转移就业工作，确保贫困搬迁家庭至少有 1 个劳动力实现就业或有增收致富的产业，确保搬迁一户稳定脱贫一户；加强安置区管理和服务，切实做好搬迁群众户口迁移、上学就医、社会保障、心理疏导等后续服务工作，引导搬迁群众培养良好生活习惯，尽快融入新环境，确保贫困群众搬得出、稳得住、能致富。针对危房改造政策，利川市因地制宜推广农房加固改造工程，确保房屋建得起、住得下、不浪费、又安全，防止贫困户因建房攀比增加经济负担，鼓励通过闲置农房置换或长期租赁等方式，兜底解决特殊贫困群体基本住房安全问题。

第六，大力提升医疗服务水平。积极推进市、乡、村三级卫生服务标准化建设，加强乡镇卫生院和村卫生室能力建设；完善市、乡、村一体化医疗卫生服务体系，加大基层医疗卫生机构人才培养力度，确保每个乡镇卫生院至少设立 1 个全科医生特岗；开展农村贫困人口大病集中救治和家庭医生（乡村医生）签约服务，确保应治尽治，签约服务全覆盖，优先为妇幼、老人、残疾人等重点人群开展健康服务和慢性病综合防控，规范高血压、糖尿病、结核病、严重精神障碍等慢性病管理。同时，利川市将脱贫攻坚与落实生育政策紧密结合，倡导优生优育，利用基层计划生育服务力量，加强出生缺陷综合防治宣传教育。

第七，大力实施文化扶贫行动。出台《关于进一步加强农村文化建设的实施意见》，积极打造村级文化阵地，改善农村文化设施条件，丰富广大人民群众文化生活，科学实施村级文化活动广场建设，逐步提升村级文化设施覆盖率和利用率，保障农民群众基本文化权益；优化村级文化活动库，实施"送戏、送书、送电影"三送活动；构建村级文化人才库，在全市行政村（社区）选配村级宣传文化员，形成市一级文化指导员、镇一级专职文化员和村一级宣传文化员"三级联动"的文化人才队伍网络格局。

3. 典型案例

（1）数代人的希望之路

利川市文斗乡大杉树村地处利川市西南边陲，与恩施州咸丰县、重庆市黔江区黎水镇毗邻，属于"三县"交界的重要通道。村子中间有一条自东向西倒流的郁江河,把村子分隔为两半,河北岸 8 个村民小组,河南岸 4 个村民小组。村民居住在河谷两边的半山腰上,地势险要,地质条件较差,最低海拔 500 米,最高海拔 1000 米,海拔差较大,老百姓只能靠山吃山,靠水吃水。大杉树村十组的村民就居住在郁河南岸的"九条岭"上,上下山靠一条崎岖不平的小路,交通极为不便。就因为交通瓶颈,运不进建筑材料,房屋整修不成,安全饮水项目、农网改造工程都实施不了。有孩子上学的家庭,早上天不亮就送孩子到郁江河边过渡,下午走路接孩子回家,到家时天已经黑了。生产生活受到了极大的影响,一条路阻断了村民们对美好生活的向往,就连很多青壮年娶个媳妇都很难。村民陈绍克对此感言:"我们祖祖辈辈都生活在这里,最大的愿望就是把路修通。"

的确,"要致富,先修路"。文斗乡政府、市委办驻村工作组、村支"两委"在召开的扶贫项目工作专题会上,把在"九条岭"修路提上了日程。2018 年 4 月 9 日,"九条岭"道路修建正式开工。村民们干劲十足,纷纷带上工具参与到修路中来,为了不浪费时间,争取扶贫项目早日完工,他们连吃饭都是在工地上。耗时近 5 个月,海拔高差 500 多米的"九条岭"上终于出现了一条全长 3.8 千米的希望之路。村民们祖辈以来的愿望变成了现实,"现在路修好了,送孩子去学校能节约一个多小时，再也不用天不亮就叫孩子起床上学了"，十组村民米仁明说起这条梦想中的道路就嘴角泛笑。①

2. 电网改造助力烟农摘掉贫困帽

元堡乡桃园、复兴两个村 2015 年被列入全市"扶贫整村推进"村，基础设施滞后，信息不畅通。2016年，两村共有 20 个村民小组、489 户、1743 人，其中贫困户 251 户、655 人，占总人口的 37.5%。为早日让村里的贫困户脱贫，当地政府因地制宜发展"一村一品"特色产业——烟叶。烟农董依坤是当地出了名的贫困户，因为没有一技之长，长年在外打工，全家生活全靠他的收入维持，生活困难。多年来，一家 5口住在一间破旧的小木屋里。2015 年，他回乡发展烟叶 20 亩，可是因台区电压低，根本不能满足烤烟用电的需求。

为让董依坤早日摘掉贫困帽，国网利川供电公司主动上门走访，及时了解用电需求，量身制定多种服务措施，开通用电报装"绿色通道"，细心指导他正确使用设备，"零距离"讲解安全用电知识，积极为他家新建成的烤房提供配套电源服务，架设 380V 专线0.1 千米。2016 年上半年，供电公司还为该村新增变

---

① 陈铁健：《数代人的希望之路》，2018 年 11 月 13 日，利川市人民政府网，http://www.lichuan.gov.cn/2018/1113/851368.shtml。

压器两台，容量为 100 千伏安，并新建和改造 10KV 电力线路 2.5 千米、380V 线路 2 千米，满足村民烤烟需求。电力线路改造后，董依坤新修了卧式密集型烤房，改变以前烧煤烤烟、劳动强度大的状况，实现了自动控温，减少了人力劳动。2016 年，董依坤种烟面积 120 亩，每亩烟叶卖 3000 元左右，纯收入约 15 万元，顺利实现脱贫。①

（3）新建水池让黄泥村村民用上清水

黄泥村平均海拔 1450 米，位于利川市沙溪乡东北部，有 20 个村民小组、634 户、1885 人，因"一口黄泥巴堰塘"得名。这里不仅交通不便，而且"水比油贵"是黄泥村的"老大难"。据 12 组村民龙光亚介绍，在修水池拉水管之前，他们取水都是肩挑手提，取水靠天，冬天的时候只能挖个坑，靠下雨下雪蓄点水，然后用家里所有能用的容器把水存起来，就怕哪天枯水。"以前洗澡洗衣服都是一个多星期洗一次，现在随时都可以洗，个人卫生也有了保障"，龙光亚说。

为了解决饮水问题，驻村"尖刀班"和村支两委集中力量寻找一切可用水源。9 组、12 组水池水源原本被私人独占，"尖刀班"和村支两委只能三天两头上门做工作，"门槛都要踩烂了"。在"尖刀班"和村

① 牟联文：《电网改造助脱贫》，2016 年 9 月 9 日，利川市人民政府网，http://www.lichuan.gov.cn/2016/0909/855187.shtml。

支两委锲而不舍的努力下，独占水源的 4 户人家终于同意修水管，把水引入水池供大家使用。黄泥村现已新修水池 14 个，实现了"一管清水进农家"的目标。①

4. 取得的成效

自脱贫攻坚工作开展以来，利川市农村基础设施建设成效显著，特别是通过"四好农村路"建设、农村饮水安全工程、农村电网改造升级等重点工作，实现了绝大多数自然村通公路、通电、通电话，自来水、天然气、宽带网络等生活设施进入农村的新气象，打造出不少田园风光与现代文明交相辉映的新农村社区，大大提升了农民群众的获得感、幸福感、安全感。

第一，大交通格局基本形成。2014—2019 年，利川市共投资 21.87 亿元，完成硬化路 4120 千米、砂石路 3623 千米，实施农村公路生命防护工程 2638 千米，改造危桥 36 座，新建桥梁 1239 米；截至 2019 年年底，该市农村公路通车总里程达到 7247 千米，开通农村客运线路 143 条，农村客运车辆 692 台 10478 座。利川市所有行政村实现了村村通水泥路、通客车，各

① 瞿琪、肖锐：《路通了、产业壮了，黄泥塘今非昔比》，2020 年 5 月 14 日，利川市人民政府网，http：//www. lichuan. gov. cn/2019/1102/915201. shtml。

乡镇客运站、建制村客车停靠点建设全面完成，交通运输基本公共服务能力大幅度提高。

第二，农村饮水安全全面达标。2014年以来，利川市累计投入农村饮水安全工程建设资金5.82亿元，共建成集中供水2680处，其中千吨万人供水工程7处，百吨千人供水工程64处，千人以下供水工程2609处，20人以下分散工程690处。利川市采取集中建设水池管网、分散打造水窖、安装PE桶等多种方式，累计解决了26.01万农村居民饮水安全问题，农村人口饮水安全问题全部得到解决，建档立卡贫困户饮水水量、水质、用水方便程度、供水保证率"四项指标"达到脱贫验收国家标准，实际比例达到100%。

第三，电网保障能力稳步提升。2014—2019年，利川市共投入资金9.26亿元，实施配电网建设改造工程21批次3383个子项目，583个村（社区）实现了通生产动力电全覆盖，贫困村和贫困户生产生活用电问题全部解决，存量配电网供电"卡口"和"低压电"现象全面消除，农村电网改造覆盖面达100%，供电保障能力强、运行可靠性高的现代电网全面建成。

第四，农村信息建设加速发展。截至2019年年底，利川市4G基站建设累计达2962个，实现4G信号全域覆盖；固定互联网宽带接入用户数239883户，其中电信106126户、移动43160户、联通31165户、楚天视讯 59432 户，人口普及率 35.86%，实现了市、乡（镇）、村三级的互联互通，"光纤宽带通村到户、4G网络全域覆盖"信息扶贫的总体目标。

第五，住房保障政策全面落实。利川市顺利完成11433 户的易地扶贫搬迁任务，全部实现"交钥匙"。该市持续做好易地扶贫搬迁"后半篇文章"，把培育产业作为推动脱贫攻坚和做好易地扶贫搬迁的根本出路，切实做到"挪穷窝"与"换穷业"并举、安居与乐业并重，增强了易迁"造血"功能，确保搬迁户稳定脱贫不返贫。该市全面完成了农村危房改造任务，贫困户危房改造任务完成率达 100%，贫困户住房安全有保障实际比例达到 100%。

第六，基层文化设施不断完善。2014—2019 年，利川市建成乡镇（街道）综合文化服务中心 14 个、达标率 100%，建成村（社区）综合文化服务中心 575个、达标率 98.6%，已建或在建百姓舞台 300 个，村级文艺健身队伍 2000 余支，聘任村级文化管理员 584名，成功创建省级公共文化服务体系示范区。"两馆一站"全面实现免费开放，常年开设培训、演出、展览、视听、书刊借阅、流动服务等项目，年均服务群众 20万人次；村级综合文化服务中心、文化广场、文化活动室、农家书屋等公共文化服务场所常年免费向群众提供公共文化服务；"凉城利川"欢乐一家亲、"文化力量·民间精彩"群众广场舞大赛、中国山地马拉松系列赛利川分站赛等品牌活动精彩纷呈，吸引了众多的群众参与，提升了贫困地区人们的认知水平，激发了其脱贫致富奔小康的信念和决心；公共文化机构组建"红色文艺轻骑兵"小分队，深入各乡镇、社区、边远村寨，年均举办各类群众性文化体育活动2000余场次，送电影下乡6000余场。

（二）发展特色产业

1. 基本内涵

开发特色产业的核心是"一方水土养一方人"，扶贫产业就是要让一方水土能养一方产业，因此，发展特色产业是提高贫困地区自我发展能力的根本举措。发展特色扶贫产业，需要基于利川各地的乡情、村情和民情，因地制宜，因村制宜，因户制宜，找出利川市资源优势、区位优势，开发特色产业，使资源优势转化为产业优势，进而形成发展优势。也就是说，让特色产业转化为有市场竞争力的特色商品。据此，利川市按照政府主导、农户主体、市场运作、企业带动的扶贫思路，遵循"创新、协调、绿色、开放、共享"的发展理念，突出生态、富硒、绿色、有机优势，引导贫困户发展特色产业。解放思想，先行先试，加大投入，先后制定田渔共生、西南片区茶叶产业、西南片区莼菜产业、马铃薯主粮化建设、发展生产脱贫一批等一系列奖补政策，引导有劳动能力的贫困户发展特色产业，重点扶持香菇、中药材、山桐子、油茶、茶叶等主导产业发展，培植稳定增收项目，实现脱贫目标。

2. 主要举措和具体做法

第一，产业带动。聚焦产业发展，咬定特色产业不放松，一届接着一届干。2015—2019 年，利川市统筹 48820.97 万元（市级统筹资金 42925.55 万元，产业发展专项资金 5475.42 万元，省农业厅产业扶贫资金 420 万元）用于产业扶贫。利川市编制了 2018—2020 年产业扶贫项目库，共计投入资金 2.8 亿元，并且累计投放贴息贷款 6.75 亿元，配套落实近 1000 万元的产业保险资金，确保了贫困户"一长两短"增收项目、乡镇"一乡一业、一村一品"产业项目落实落地落细。全市主导产业定位包括：汪营的香菇、柏杨坝的大豆、元堡的药材、团堡的山药、南坪的优质大米、凉雾的莼菜、建南的黄连、谋道的康养、文斗的烟叶、沙溪的山桐子、忠路的茶叶、毛坝的茶叶、东城的民宿等。该市有 53159 户发展特色产业，实现贫困户人均年增收 1236 元。

第二，利益联结。利川市有针对性地引入能发挥地方优势的龙头企业带着资金、现代生产技术、科学的管理模式参与到扶贫攻坚工作中来，采用"企业 + 合作社（家庭农场）+ 基地 + 贫困户"等产业扶贫利益联结新模式，带动贫困人口脱贫。

第三，企业联动。利川市按照"一乡一业""一村一品"产业布局，结合资源禀赋和本地特色进行宣传推介，开展"产业扶贫乡村行"行动，引领各类市场主体开展项目对接和签订产业扶贫协议。全市 14 个乡镇签约 60 个市场主体，416 个市场主体签约 524 个村，联系带动贫困户 32929 户，有效促进产业、企业和农民协同发展。

第四，电商拉动。顺应现代农业发展新形势新要求，积极探索"电子商务 + 精准扶贫"工作模式，建设电商产业园，引进阿里巴巴农村淘宝、深圳淘实惠项目，发展"淘质量"本土品牌，新建、整合电商村级服务站点 259 个，其中贫困村 120 个，贫困村覆盖率 85%，2017 年成功创建全国电子商务进农村综合示范县。2019 年借助东西部扶贫协作建立"五进"产销对接机制，依托网红示范县项目、民宿电商联动，带动农产品上行营销，助力脱贫攻坚。

第五，金融撬动。利川市率先启动金融扶贫工作站建设，推出粒金小贷、蜂富通、茶贷通、创业通等金融扶贫产品，截至 2019 年年底，利川市建档立卡贫困人口中参与贷款的有 16506 人，金融扶贫贴息贷款 13.23 亿元，有效解决了贫困户想发展无资金的难题。

3. 典型案例

（1）中药材产业助力脱贫攻坚

利川地处北纬 30°线上，武陵山腹地，境内山峦绵延起伏、交错重叠，是典型的高山地区，全市平均海拔 1100 米，年均气温 15℃，森林覆盖率达到 64%，特殊的地理和气候条件，造就了适宜中药材生长的环境，也造就了利川独特、丰富的中药材资源，系"华中药库"核心产区。统计显示，利川中药材品种达 2000 余种，收载品种达 1100 余种，自唐代以来就是以道地黄连等为主的中药材产区，中草药占全国临床或制药利用的中草药资源的 22% 以上，全市中药材种植品种主要有黄连、大黄、当归、党参、贝母、首乌等 30 多个，鸡爪黄连（因其形似鸡爪，故称鸡爪连）作为恩施州唯一道地药材品种，成功入选国家重点研发计划"中医药现代化研究"重点专项高品质道地中药材规模化种植及精准扶贫示范研究项目，其市场份额约占全国黄连市场的 80%。近年来，利川市依托资源优势，大力推进中药材产业发展。

一是加强政府推动，保障发展支撑。坚持政府主要领导亲自抓，成立市中药材产业发展工作领导小组，加强对全市药业产业发展的宏观指导、政策制定和组织协调。出台《关于推进产业链建设加快产业兴市步伐的意见》，将中药材产业链作为全市特色产业重点打造。整合农业、财政等部门的涉药产业项目资金，重点支持中药材产业发展。打通项目用地"绿色通道"，简化用地审批程序，对企业的项目用地优先规划，优先安排。

二是加强主体带动，引领产业发展。加强示范带动，培育壮大市场主体，利川市从事药材生产、加工、销售的各类市场主体达 218 家，其中：产值过亿元企业 1 家、规模以上企业 3 家，国家级专业合作社 3 家、省级专业合作社 3 家、州级专业合作社 2 家、市级专业合作社 13 家。完成了香连药业与台湾天民药业的资产重组，2017 年香连药业完成销售产值 8000 多万元，同比增长 30% 以上。成功改组成立华润医药利川公司，成为利川首家国资药业企业。湖北信仁药业开创该市中药饮片加工先河，本地中药材占加工品种的60% 以上。

三是加强基地拉动，夯实发展基础。大力推行"企业 + 基地 + 农户""企业 + 合作社 + 基地 + 农户"等产业化运作模式，发展林下种植中药材，探索开展林药结合、果药结合、药药结合等复合立体种植模式，打造集约化、规模化、规范化的中药材种植基地。重点围绕黄连、大黄、贝母、厚朴、杜仲、黄柏、瓜蒌等大宗道地药材标准化种植，建成一批集药用、观赏等功能于一体的现代化药材示范基地。同时，着力抓好中药材良种繁育、濒危中药材种养圃建设，建立种质资源库，抓好种质资源研究和保护。

四是加强科技促动，保证发展质效。强化技术支撑，利川先后对接湖北中医药大学等高校3所，成功建立院士工作站2家。香连药业以中南民族大学等3家科研院所为依托，建立黄连质量控制研究中心。信仁药业重视医药产品检测和研发，建立了重金属检测室、农残检测室、理化实验室等专业检测室。截至2019年年底，利川市中药材留存面积27万亩，全市生物医药产业集群综合产值达25亿元，为利川市脱贫攻坚提供有力的产业支撑。

利川市勤隆中药材专业合作社（下称"勤隆合作社"）位于该市元堡乡，成立于2013年8月，是一家以道地中药材"马蹄大黄"生产、加工、销售为主营业务的农民专业合作社。自成立以来，勤隆合作社认真研究种植、生产技术，合作社规模不断发展壮大，不但带动全乡乃至利川市、恩施州大黄产业的种植规模，还建立标准化加工厂，产品销售到云南白药、太极集团、贵州百灵等知名药企，呈现供不应求的良好局面。2018 年，勤隆合作社销售收入达 3000 多万元，被认定为国家级示范社，成为恩施州马蹄大黄产业的领跑者。依托"三提供一回收"（无偿提供种苗、无偿提供肥料、无偿提供技术服务和实行保护价回收产品）这一模式，勤隆合作社建成马蹄大黄生产基地两个，其中良种繁育基地 300 亩，种植示范基地 2000 亩。依托勤隆合作社发展势头，元堡乡将马蹄大黄规划为"一乡一品"的主导产业，全乡种植面积达 3 万多亩。元堡乡的做法也激发了该市其他乡镇的积极性，该市多个乡镇共建成大黄基地 5 万余亩。截至 2019 年年底，勤隆合作社年种植、收购鲜马蹄大黄 5000 吨以上，加工、销售干马蹄大黄 1500 吨左右。勤隆合作社也始终将工作机会让给当地群众，特别是贫困户。以朝阳村为例，合作社基地共流转农户土地 368 亩，其中贫困户土地 35 亩（2 户 9 人），年租金收入达 1.05 万元，同时还解决了村里 22 户贫困户务工就业问题，每户平均增收 5000 元以上。另外，基地辐射带动周边地区 2000 多户农民发展马蹄大黄 8000 余亩，吸收 500 余人务工就业。

勤隆合作社只是利川市依托中药材资源发展产业，助力脱贫攻坚的典型之一。近年来，香连药业、信仁药业、箭竹溪黄连专业合作社等一批市场主体，积极响应号召，通过向贫困户配股分红，与种植户签订统购统销协议，按照"统一供种、统一回收、统一销售"的模式，有效解决了贫困户"选种难、缺技术、销售难、增收难"的问题。全市共带动 2940 户贫困户种植中药材 13000 多亩，户均增收 8000 余元，中药材产业为利川市脱贫摘帽做出了独特的贡献。

（2）专业合作社推进产业脱贫

利川市石板岭蔬菜专业合作社地处该市团堡镇，主要从事辣椒、茄子、黄瓜、四季豆等精细蔬菜以及山药等特色蔬菜生产、初级加工及营销，现有生产基地 10000 余亩，冻库 7000 立方米，已初步形成生产、包装、冷藏、远销的产业链，年生产销售蔬菜 3 万吨左右。近年来，合作社响应当地党委政府号召，充分发挥合作社在蔬菜产业发展中的"产—供—销"一条龙服务优势，积极投身精准扶贫工作，带动该市团堡镇 300 多贫困户脱贫致富。

一是精心策划，合理布局，产业脱贫措施到位。合作社科学布局蔬菜种植茬口，积极推广"富硒马铃薯—蔬菜"种植模式，加大新品种引进、试验、示范、推广力度，全面应用精细蔬菜标准化生产技术。马铃薯良种繁育基地由几百亩发展到 5000 亩，合作社常年种植白菜、萝卜、甘蓝等大宗蔬菜 8000 亩，茄子、辣椒、四季豆、西红柿等精细蔬菜 5000 亩，山药等特色蔬菜 1000 亩，平均亩产值达到 5000 元以上，每亩利润 2000 元以上，为团堡镇脱贫攻坚打下了坚实的基础。

二是精心指导，全程跟踪，技术指导服务到位。利川市与华中农业大学、湖北省农科院、恩施州农科院及利川市农业农村局等科研院所及技术主管部门进行技术合作，聘请科研院所及技术主管部门的专家常年进行技术指导，并建立自己的技术服务团队，拥有专业技术人员 10 人，全程跟踪服务，常年深入田间地头进行技术指导；利川市依托该市土肥站全面推广测土配方施肥、依托该市植保站进行全程绿色防控，实现配方肥应用面积、绿色防控面积 2 个 100%。设立农资配送门市 2 个，专供优质种子、配方肥料、无公害农药等农业投入品。

三是精心创新，土地流转，扶贫攻坚成效到位。合作社多措并举：第一，直接流转土地，土地租金按 700 元/亩三年集中支付，让贫困户收入有了基本保障；第二，垫支投入，保护价收购，垫支种子、农药、肥料、农膜等农业投入品，签订最低保护价，给贫困户发展产业吃下定心丸；第三，部分无偿投入，优价收购，对部分特别困难的贫困户，每亩无偿投入 200 元，以高于市场收购价 5% 左右的价格收购，坚定贫困户发展产业脱贫的信心；第四，土地入股分红，变贫困户为股东，保证贫困户每年都有红利收入。通过以上措施，300多贫困户实现户均产值2万余元，人均净收入超过5000元，提前达到脱贫标准。

（3）"莼鱼共生"走生态脱贫之路

莼菜是中国稀有的水生蔬菜，被誉为"21世纪生命蔬菜"，在中国有四个较大产区：江苏太湖、浙江西湖、四川螺吉山和湖北利川。其中利川莼菜品质最佳，种植面积最大。截至2019年年底，该市莼菜留存面积保持在1.5万—2万亩，年产莼菜达3万吨，占全国莼菜总量的三分之一，综合产值突破5亿元，利川也因此被称为"中国莼菜之乡"。

利川市属云贵高原东北的延伸部分，巫山余脉和武陵山余脉在这里交汇，境内四周山峦环绕，中部平坦，海拔一般在1000—1300米，全境地势高于相邻各县市，是典型的高山盆地。亚热带大陆性季风气候使这里四季分明，云遮雾绕，雨量充沛，空气湿润，十分适宜"水中碧螺春"——利川莼菜的生长。

利川市委、市政府在推进产业扶贫实践中，充分发挥市场对资源配置的决定性作用，瞄准莼菜市场前景，大力推动莼菜标准化、规模化种植，积极培育莼菜市场主体，建立健全利益链接，逐步将莼菜打造成扶贫重点产业。一是政策扶持。《湖北省富硒产业发展规划（简版）（2015—2020年）》提出创建省级富硒种植示范基地马铃薯种植示范基地，重点在利川布局马铃薯、山药、宜红茶、莼菜种植示范基地。利川市委、市政府抢抓机遇，围绕"两不愁三保障"总体目标，按照"一乡一业"发展布局，制定《利川市"十三五"产业精准扶贫规划》和利川市产业扶贫五年行动计划，将莼菜确立为该市凉雾乡主导产业。二是科技创新。利川市委、市政府秉持生态·科技·发展的理念，围绕"富硒、生态、有机、安全"主题，以凉雾乡为主要种植基地，推广"莼鱼共生"种植模式，同时大力推广"沼液、沼肥、沼渣"在莼菜上的应用。在提高莼菜品质的同时，降低种植成本，大大提高种植户的收益。三是基地推动。利川市以政策扶持、金融支持等方式，投入资金改善当地莼菜种植基地的基础设施，通过能人引领、合作示范、土地流转等方式，形成"政府＋企业＋合作社＋基地＋贫困户"的发展格局，促进莼菜产业链健康稳定发展。2012—2018 年，该市在凉雾乡新发展莼菜 10000 余亩，成为名副其实的"中国莼菜第一乡"。截至 2018 年年底，凉雾乡莼菜实现产量 6000 吨、产值 1 亿元，种植户人均纯收入增加 1000 元。2019 年，利川大部分莼菜进入丰产期，全市年产量达 3 万吨、产值 5 亿元。四是主体带动。该市积极培育市场主体，建立"公司＋合作社＋农户"的产业发展模式，实现农民土地流转获资金、基地做工拿工资、出售莼菜获收益的多重收益，带动贫困群众增收致富。截至 2019 年年底,该市共培育莼菜生产、经营大型农业公司 3 家,培育大型专业合作社 4 家,20 亩以上大户十余户。莼菜产业链接带动 1000 余户贫困户、3000 多名贫困人口,实现人均增收 1000 元以上。

4. 取得的成效

第一,产业扶贫行动促进实现了"两个消除"(消除产业空白村、产业空白户)。全面开展"产业扶贫乡村行"活动,按照"一乡一业""一村一品"产业布局,引领各类市场主体开展项目对接和签订产业扶贫协议。围绕"两不愁三保障"目标,制订《利川市产业扶贫三年行动计划(2018—2020 年)》,14 个乡镇和 577 个村(社区)特色产业全覆盖,形成"1＋N"的产业发展格局,贫困户实现发展产业或就业增收。截至 2019 年年底,利川市特色产业面积达161.3 万亩,农村人口人均拥有特色产业 2.5 亩,特色产业带动有劳动能力贫困户 49001 户,其中特色种养业带动贫困户 41125 户、加工业带动 375 户、文化旅游业带动 3730 户、现代服务业带动 3275 户、电子商务带动 496 户,特色产业带贫率达到 94.03%。

第二,市场主体培育促进利益链接全落实。利川市持续支持农业龙头企业优势互补,组建"利川红"

国家智库报告

茶业集团、全面开展"全国农民专业合作社质量提升整县推进试点单位"建设、发力"三乡工程"、借力"利川人大会"平台，255 个农业经营主体参与"一乡一业"，通过利益链接贫困户 4296 户，带动贫困户 10921 户发展生产；154 家民营企业与 141 个重点贫困村结对帮扶，创造就业岗位 2754 个。截至 2019 年年底，利川市注册登记各类新型经营主体 4340 家，其中农业产业化龙头企业 60 家，农民专业合作社 3141 家，家庭农场 1139 家，各类市场主体通过流转土地、股份合作、订单生产、销售产品等利益链接机制，带动 45196 户贫困户发展产业或就业，市场主体带贫率提升到 86.6%。

第三，品牌打造促进特色产业内质大提升。立足生态、绿色、富硒等优势，整合打造特色农产品区域公共品牌，推进硒食品精深加工产业集群建设。持续打造"利川红""龙船调""小猪拱拱硒土豆""利川莼菜""利川山药""利川黄连"等品牌，积极申创"利川红"中国驰名商标，成功申创利川市道地药材（黄连）"一县一品"。"利川红"品牌广告于午间黄金时间在 CCTV-1 播出，"利川红"成为第七届世界军人运动会红茶类指定产品和第三届中国国际茶博会红茶类唯一推介品牌。"利川红"获得地理标志产品保护（保护产品认证），成功注册"利川红"地理标志证明商标。

第四，融合发展助力产业链条大延伸。以"全域旅游＋"统揽一二三产业融合发展，走"农业园区化、园区景区化、农旅一体化"的新型休闲观光农业发展道路，建成农业观光项目 20 个、生态茶庄 15 个、水果体验园 50 个，形成"以农促旅、以旅兴农"的格局。

第五，消费扶贫拓展了特色产品销售渠道。依托农业农村部定点扶贫、杭州萧山区—利川东西部扶贫协作、省"616"对口帮扶等平台和优势，充分挖掘机关、学校、医院、企业、"尖刀班"等食堂资源，搭建贫困村农产品直供直销平台，大力推动以消费促扶贫、以购代捐行动，特色农产品销售渠道不断拓宽。

（三）做强民宿旅游新经济

1. 基本内涵

民宿旅游是农业、文化和旅游深度融合的产业新业态，体现风土人情与文化特色的结合。它作为一种旧乡愁与新乡土相结合的产物，可以让游人在绿水青山中享受宁静，在蓝天白云间行走呼吸，在乡土文化中领略神奇，在乡村农家里休闲度假，从而使当地农民获得财产性收入、创业性收入、农产业收入、工资性收入，故民宿经济发展会成为农村经济发展、农民增长收入的新亮点。利川独特的气候、良好的生态、浓郁的民俗文化和便利的交通条件，成就了利川旅游业的蓬勃发展。在全国各地深入践行"两山论"，积极推动产业转型升级，坚定不移走生态优先绿色发展之路的时代号召下，在脱贫攻坚形势严峻、任务艰巨的情形下，旅游与民宿、扶贫相结合，成为利川走"生态优先、绿色发展、利民富民"之路的必然选择。利川市抓住市民"下乡"潮流，有效利用丰富的旅游资源，把便利的交通条件变为脱贫致富的快速通道，将优越的地理位置变为产业扶贫的十足底气，改变守着"金山"喝"稀粥"的窘境，在逆城市化趋势中实现民宿旅游的快速发展。通过构建旅游要素全聚集的全链条式民宿旅游扶贫模式，依靠民宿旅游的辐射带动作用增加就业岗位、提供创业平台，促进农业农村发展，加速推进脱贫攻坚进程，巩固和提升脱贫成果。

2. 主要措施和具体做法

第一，坚持高位推进。按照"党政主导、市场主体、社会参与"的运作机制，实行党政一把手负责制，在市级和乡镇分别成立民宿旅游工作领导小组，由市龙船调旅游发展有限公司负责民宿旅游建设、经营和管理，与民宿企业签订协议，要求市场主体采取房屋租赁优先考虑贫困户、建设用工优先录用贫困户、服务运营优先雇用贫困户、商品开发优先照顾贫困户的"四个优先"措施，构建旅游要素全聚集的全链条民宿旅游扶贫模式。建立专项领导、目标导向、会商调度、督办通报、考评奖惩"五位一体"的协同推进机制和市"四大家"领导联系民宿旅游村机制，将民宿建设纳入每周脱贫攻坚调度重要内容，加速推进乡村民宿建设。利川市出台了《利川市"十村百企万户"乡村民宿旅游暂行扶持办法》《利川市加快旅游产业发展奖励办法》，建立健全村集体、农民和社会力量共同参与的多元投入机制，紧盯脱贫摘帽政治任务优化利益链接链条，促进民宿旅游发展与精准脱贫有机结合。

第二，实行规划引领。利川市委、市政府相继印发《利川市乡村旅游发展规划》《利川市"十村百企万户"乡村民宿旅游启动工作实施方案》《利川市民宿基本标准》，实行一张蓝图建民宿。利川市将民宿旅游作为全域旅游的重要板块纳入长期发展规划，将贫困村、贫困户纳入重点规划建设范围，将危房改造、易地扶贫搬迁集中安置点纳入重点规划范围，将水电气路网等基础设施建设纳入相关专项规划，实行分类指导，注重挖掘地域特色，以东城白鹊山、南坪云上等 18 个村为龙头的"民宿"品牌和龙船调为龙头的

"文化"品牌为主，把全市4612平方千米作为一个大景区来打造。

第三，强化宣传营销。从2016年起，利川连续举办四届中国山地马拉松系列赛事，把赛道起点和终点设在重点民宿旅游村，邀请央视、新华社、人民网等全国多家媒体参与直播和报道，推动利川民宿"跑"向全国。开展《肉连响》等利川生态歌舞快闪活动，亮相重庆、武汉等大城市，"悦凉越利川"等文艺纳凉晚会走进"火炉"城市的各大社区，成功勾起市民对凉城利川的向往。与阿里巴巴、今日头条、百度地图等平台以及抖音、快手、火山等小视频社交平台全方位、深层次、立体化合作，利用互联网打通民宿出山的"最后一千米"。与荆楚网合作，打造"绿野仙境"凉城利川地铁专列，亮相武汉地铁6号线；旅游广告霸屏铁路12306网站首页；旅游宣传广告亮相武汉豪华地段大型LED屏；民宿推介登陆省城，武汉公交车为利川市民宿"拉客"……以加大广告投放的力度不断吸引身处"火炉"城市的市民知道利川、了解利川、向往利川。搭建全国首家民宿展示馆，向游客展示风格特异、款式多样的利川民宿。

第四，聚焦个性打造。一是文化＋民宿旅游，彰显个性。依托地方特色举办"贡茶节""水杉节""山药节""马铃薯节"等乡镇节会；民宿旅游示范村因地制宜，举办风车节、梨花节、采茶节等旅游文化活动，贫困户积极化身农事文化体验员，在活动中提供产品、提供服务：带领游客近距离感受铁匠、篾匠、木匠、石匠等传统手工艺人的精湛手艺，邀请游客亲身体验参与推石磨、打糍粑、扬风车、编草鞋等农事活动，贫困户以此获得收入。依托特色饮食文化，开展利川美食评比活动，精心打造"利川招牌菜"：红糖麻圆、根粑凉粉、斑鸠叶豆腐、喜沙油糍儿、糊汤豆皮、"十碗八扣"等名特小吃，贫困户种植的绿色有机农产品走上了游客的餐桌，贫困户人员当上了厨师和服务员。

二是文体＋民宿旅游，丰富内涵。从2016年起，利川连续举办四届中国山地马拉松系列赛事，市委、市政府抢抓承办"山马赛"契机，把赛道起点和终点设在重点民宿旅游村，邀请央视、新华社、人民网等全国多家媒体参与直播和报道，利川民宿旅游随着媒体平台和参赛运动员的朋友圈"跑"向了全国。开展《肉连响》等利川生态歌舞快闪活动，亮相重庆、武汉等大城市，"悦凉越利川"等文艺纳凉晚会走进"火炉"城市的各大社区，成功勾起了市民对凉城利川的向往。

三是人文＋民宿旅游，留住乡愁。结合脱贫攻坚工作任务，大力开展农村人居环境整治，不断打造出让"山更青、水更绿、天更蓝、土更净、家更洁、乡愁更浓"的优美乡村。坚持开发与保护相统一的原则,聚焦多个设计门类打造了白虎寨、印象山野、九渡溪、栖溪谷、老屋基等"人文"居住点,让贫困户走上"农民大舞台",向游客传唱织西兰卡普的阿妹、掐菜苔、绣香袋、龙船调等山民歌,展示利川灯歌、肉连响、摆手舞等古老歌圩。搭建全国首家民宿展示馆,向游客展示风格特异、款式多样的利川民宿,变着法"撩拨"观众神经,让游客了解利川民宿,促使"世界那么热,我要去利川"的念头变成来利川的实际行动。

第五,注重监督管理。利川市成立民宿管理办公室,相继出台《关于促进民宿产业规范发展的指导意见》《利川市民宿管理暂行办法》,严格设定绿色标准、文化标准、农事体验标准和卫生标准,确保民宿质量。制定《利川民宿星级评定细则》,推出民宿挂星评选体系,对民宿进行星级评定,倒逼民宿经营业主在硬件设施和服务上争先创优,为游客提供优质的民宿产品。举办系列实景培训授课,不断提升民宿经营业主的民宿经营技能。搭建OTA民宿预订、旅游线路定制平台,构建"一部手机逛民宿"智慧旅游平台,有机链接旅游协会、旅行社、民宿企业、民宿经营业主和游客,在飞猪、去哪儿、艺龙、携程等平台上传订房信息，实现民宿旅游信息互通，有序合理分流游客。结合脱贫攻坚工作任务，大力开展农村人居环境整治，不断打造"山更青、水更绿、天更蓝、土更净、家更洁、乡愁更浓"的优美乡村。

3. 典型案例

（1）白鹊山：穷山沟变金凤凰

东城街道办事处白鹊山村位于利川市东面，距城区 10 千米，318 国道横贯境内，距腾龙洞景区约 8 千米，恩施大峡谷到腾龙洞风景区观光线路途经此处，区位优势明显。白鹊山的村名源自先民保护益鸟白鹊的传说，这里林海苍翠，空气清新，夏季均温 25℃。

2015 年，利川市委、市政府探索发展民宿旅游，将白鹊山村纳入全市乡村民宿旅游扶贫示范村，以精品民宿为抓手，高起点规划、高品位设计、高标准建设，坚持把提高休闲农业与乡村旅游和少数民族特色建设、实现农民增收结合起来，打造形成了特色鲜明的"四季观花、夏季避暑、秋季采摘"的生态休闲观光游和"住民宿、赏民歌、吃农家饭、观农事"的文化体验游，打造宜居宜业宜游美丽新农村、民宿旅游小镇、湖北省旅游名村。

民宿旅游独具特色。白鹊山村现有民宿旅游经营70 户，其中昌隆公司改造 9 户，农户自改 61 户，共

796个房间，日可接待游客1600余人，已形成多元化的发展格局。既有"大地乡居·龙船调"和向家老屋等精品民宿，也有农户独立经营的普通民宿，集文艺风格、土家风格、田园风格、现代简约风格等特色主题于一地。2017年11月，白鹊山民宿被湖北省旅游委评定为湖北省首批金宿级民宿。如今的白鹊山村，正着力深化体旅融合、文旅融合、农旅融合，打造全国知名民宿小镇。持"五化"（绿化、美化、净化、亮化、黑色化）标准，按照统一设计方案，实施民宿庭院改造。优化完善智慧民宿集成系统，实现景区免费无线"wifi"全覆盖，充分利用"互联网＋"，建立旅游标识系统及导览图。龙船调旅游发展有限公司建设的向家湾精品民宿，实行全托管经营，提供民风民情展馆、茶社、高端小酒庄、文艺休闲创作室。由龙船调旅游发展有限公司打造水上莲湖景观，继续发挥全国山地马拉松赛事的人气集聚效应，围绕"赛道变景区"目标，将沿途民居楼外立面进行特色打造，强化自然风貌的保护，配套补绿措施，美化沿途景观，全面提升白鹊山乡村民宿旅游的美誉度。

农业观光蓬勃发展。探索"1211"模式（一个市场主体带动两个村，培植一个主导产业，惠及一大片贫困户实现精准脱贫），引入湖北昌隆生态农业有限公司，总投资约7000万元，流转土地3000亩，土地租金 350 元/亩，并逐年按 5% 上涨，流转贫困户土地 53 户，签约贫困户改造民宿 10 户。建设 1500 亩以农业观光、四季花海、网红桥为主的观光游乐园，200 亩绿色有机果蔬采摘和亲子乐园，以特色生态农业旅游带动度假村经营以及土特产销售，集农耕文化、情感文化、民俗文化为一体，形成经济产业链。

旅游设施日渐完善。总投资近 3000 万元，建成 25 亩生态停车场和游客接待中心，旅游公共厕所 5 所，污水处理站 2 座，游步道 2 千米，道路黑色化 4 千米，安装太阳能路灯 560 盏，水电气达到户户通标准。为了丰富精神生活，设立了 400 平方米的老年文化活动中心，兴建了 5000 平方米的游泳馆、2 个标准篮球场、500 平方米的群众健身广场、200 平方米的乡村大舞台、藏书上万册的农民图书馆，新建幼儿园、改扩建小学等。利川市委组织部带领司法、民宗、文体等部门，为白鹊山送座椅、民族服装、健身器材等，促进了娱乐设施的完善配套。

旅游宣传有声有色。借力山地马拉松赛事的举办，以此来提高白鹊山民宿的知名度，着重打造高端民宿，吸引各地的游客。按照总体统一经营管理的要求，民宿户主要发挥自身资源优势，通过微信朋友圈等渠道进行营销，东城办事处制作精美画册，摆放在民宿房间床头外。利川市龙船调旅游公司也与白鹊山村民宿

服务中心签订合作协议，共同为民宿户组织客源。利
川市委宣传部门组织了"V看利川"活动，将民宿作
了重点推介。白鹊山民宿也随季节和气候逐步"热"
起来，2018年，共接待观光、避暑客人近12万人次，
实现综合收入1200余万元，民宿旅游扶贫的经济效益
开始显现。

（2）田树珍：闯出一条"民宿+"致富路

"从大年二十九到正月初四，我们家的客源就没有
断过。初二到初四，4间标间都住满了，这两天才缓
下来。"2016年春节，利川毛坝镇兰田村大树休闲农
庄的老板田树珍过得尤为忙碌。早在2015年年初，田
树珍将自己平时住的房间改造成了民宿，没想到一年
的时间就有5万元的民宿旅游净收入，让她信心大增。

田树珍所在的毛坝乡兰田村不仅有优美的自然环
境、成型的茶产业和原始的土家吊脚楼，村子的"维
德之基"所蕴含的深厚文化也成为它吸引游客的关键。
田树珍敏锐地看到乡村休闲养生游发展的新商机，成
为兰田村第一个开农家乐的人。从接待一两桌游客到
现在，她的农家乐已经可以容纳200多人同时用餐。
"菜是自家种的，大米是咱村产的，城里人来我们这里
不就图个生态、安全嘛！""我家的土家吊脚楼房子有
特色，眼前是视界开阔的茶园，心情舒畅。"当接待前
来休闲游玩的游客时，田树珍总是喜盈盈地推介他的

民宿和周边环境。每到节假日，是田树珍最忙的时候。在午饭的时间，她的农家乐里坐满了人，厨房里吆喝声四起。"我们所有的员工都是家里人和邻居，老公、婶婶、儿子、儿媳妇等都在这里上班，等到节假日，邻居也会来帮忙。"家族成员和邻里守望相助，幸福感洋溢在田树珍的农家乐中。在兰田村，田树珍还有个工作：带游客进行田园生活体验，和游客们一起在地里摘蔬菜、进行拔萝卜比赛、教游客在茶园里采摘茶叶等。蔬菜拿回厨房现场烹饪，游客吃得放心；萝卜也可以做出美味的菜肴，游客吃得开心；茶叶进行简单的加工，游客获得满足感。"我们村游客可以自己采摘茶叶，自己加工，然后购买，不仅游客获得幸福感，我们也增加茶叶收入，两全其美，何乐而不为，我们村的民宿发展前景大好。"田树珍总是憧憬着兰田村民宿的美好明天。

在田树珍的带动下，村民们看到了乡村旅游的致富路。民宿改造的队伍也庞大起来，维德居、木莲居、悦山堂都纷纷接待游客，一股民宿风吹遍兰田村。田树珍的未来目标是：守着兰田这个小村庄，通过经营民宿有了收益，还带着邻里们一起赚钱。[1]

---

① 朱秋红、单绪林：《毛坝兰田：民宿新色入画来》，2016 年 3 月 3 日，利川市人民政府网，http://www.lichuan.gov.cn/2016/0303/857087.shtml。

4. 取得的成效

经过 5 年时间的精心打造，利川民宿已初具规模、形成产业，"农区变景区、田园变公园、农产品变商品、民房变客房"的昔日愿景变成美好的现实，带动了一批贫困户增收脱贫。

第一，为贫困户找到致富门路。利川市委、市政府在发展乡村民宿过程中，将 18 个乡村民宿旅游示范村作为产业扶贫示范基地，通过流转土地、务工就业、订单农业、民宿经营、结对帮扶等方式直接带动 3000 多名贫困人口增收脱贫，创造直接就业岗位 6000 多个，其中建档立卡贫困户直接就业 700 余人，间接带动 30000 多名农民就业，其中建档立卡贫困户间接就业 4000 余人，拉长了农民增收的"链条"。农特产品变商品，传统农业变富民产业。以电子商务公共服务中心网货化销售体系为依托，茶叶、莼菜、土豆、山药、李子等富硒农特产品不断得到宣传和推介，农民的"菜篮子"变成了"钱袋子"，果树变成了"摇钱树"。2016—2019 年，利川市民宿旅游实现综合收入 35.9 亿元，年均经营性收入达 9 亿多元，贫困户增收近亿元，产业扶贫成效日益凸显。

第二，带动了产业结构调整。在民宿产业发展中，各乡镇围绕民宿配套产业，开启了农旅产业融合发展新模式，促进了农村产业升级。南坪乡打造"田园综合体"，实施田渔共生、冬桃基地、停车场、道路、绿道、水利等建设项目，农区成了景区。元堡乡大力推进百草源旅游项目建设，将旅游与中草药种植、加工相结合，农产品变成旅游商品。南坪秀丽江南康乐旅游开发项目、凉雾杉木园生态旅游观光项目、柏杨坝鱼壁寨峡谷生态农业公园等一批农旅项目启动实施，农旅融合更加广泛。

第三，改变了村容村貌。民宿旅游的兴起、资金的汇入，使得大量的基础设施和配套服务设施向乡镇村集聚，改变了贫困村庄之前"晴天出门一身尘，雨天出门一身泥"的贫穷面貌，交通、水利、电网等行业扶贫成效不断凸显，群众的生产生活条件得到实实在在的改变。利川市围绕民宿旅游产业发展，建立大型生态停车场 6 个、游客接待中心 18 个、文化活动广场 18 个、旅游厕所 16 座、便民商店 42 个、便民卫生室（含药房） 13 个，新建游步道 35 千米；东城、南坪、团堡等乡镇实施民宿旅游村公路硬化建设，民宿旅游村基本实现通信、网络、"wifi"全覆盖，有条件的村开通天然气，白鹊山、栏堰等村安装太阳能路灯，18 个民宿旅游示范村基础设施及公共服务设施得到极大改善。民宿旅游村大量植树栽花种草，绿化面积达到 6.9 万平方米，实现了"绿水青山"到"金山银山"的价值转化，众多村庄成为了绿色富民的生态家园。各民宿旅游村建立村庄环境常态化保洁机制，实行"门前三包"责任制，落实专人管理，确保村容清新。公安、司法、卫生、食药、工商等部门在民宿旅游村经常性开展安全、卫生、环境综合整治行动，民宿村生活环境、治安环境不断改善。

第四，促进了村级经济发展。民宿旅游村通过成立公司、合作社、协会等组织，为游客提供餐饮、娱乐、土特产品销售服务，多形式发展旅游相关产业，为村级经济持续健康发展提供了平台。凉雾马前村村委成立利川市马前康家寨民宿旅游发展公司，为游客吃、住、行、游、购、娱提供全方位服务，实现每年5万元的村级集体经济收入。汪营兴盛、都亭羊子岭村村委创办食堂，柏杨栏堰村村委成立利川市栏堰民宿旅游发展公司，经营45套客房，增加了村级集体经济收入。昌隆公司在东城白鹊山村发展民宿产业，与白鹊山村村委会签订合作协议，从收益中拿出2万元作为村级集体经济收入。

（四）探索电商扶贫方式

1. 基本内涵

随着互联网的普及和中国各地区基础设施的逐步

完善，电子商务这一新经济业态迅猛发展，重塑了人们的消费习惯，商业环境也正发生改变。于是，利用互联网平台，以信息网络技术为手段，以商品交换为中心的商务活动愈加活跃，将优质的农产品通过平台的影响力销售出去，对带动农村增收、拓宽贫困人口就业选择、创业致富和产业发展都能起到重要作用。近年来，利川市深入实施"国家电子商务进农村综合示范县"项目，突出"三个聚焦"（聚焦资源优化、打造网红基地，聚焦人才孵化），注重"三个打造"（打造网红主播，聚焦品牌转化、打造网红平台），探索出了"电商＋农产品"的网红电商扶贫新方式。

2. 主要措施和具体做法

第一，聚焦资源优化，打造网红基地。借助电子商务进农村的大好时机，积极探索独具特色的电商发展新模式，推进电子商务快速发展见成效。一是线上线下结合。利川市建成电商产业园，为利川本土企业免费提供办公场所及仓库。已有50家企业入驻，线上平台入驻52家，共销售500余款农特产品。同时建成新零售体验馆，集中展示、销售农特产品，其中山药、莼菜、茶叶采取生态还原、活体种植方式，让游客在购买产品的同时还能了解到特色农产品的种植文化和发展历史。二是电商民宿融合。利川市打造占地3000

平方米的民宿体验馆，以农业、旅游、文化三产业融合展示与体验为核心，结合新零售、网红直播和众创空间三大引擎驱动，将体验馆打造成国内"农旅文"融合新样板和"利川新模式"。通过电商及民宿预定平台开展跨界合作，三方合力打造全新利川生活场景化体验。线下做场景体验，线上做销售延展，从产品到用户维护，提升民宿的消费体验，重构新的消费场景。

第二，聚焦人才孵化，打造网红主播。利川市坚持"网红"带动，启动千人网红孵化计划，依托独特的生态优势、气候优势、产品优势，培育本土网红电商人才。一是"网红＋实景"，建成民宿体验馆，与电商产业园联通，为网红提供极具利川民宿特色的实景模拟直播空间，体验馆设有9大体验区和3个展示区。网红学员在利川民宿场景下卖利川的特色农产品，为利川民宿产业赋能，用电商卖民宿，用民宿为电商带货以促进农产品上行。二是"理论＋实训"。利川市通过送课下乡、定向培训及网上直播授课等方式，针对各乡镇群众、贫困户、电商从业者以及村级站点从业人员进行网红电商入门、短视频制作、网红直播等方面的培训，让农民从"网络小白"变身为"网络达人"。同时，从培训人员中挑选有特色、有潜力的学员，进入网红培训中心实训。培训中心为村播网红培

训提供从账号注册到开播准备等一系列理论教学，12
间各具特色的直播间免费向学员开放。利川市有 1099
名农民接受网红培训，网红累计发布作品 1716 件，作
品粉丝 37.2 万人，作品累计播放 2.4 亿次，其中涌现
出"有趣青年土家辉""阿妹丫丫""湖北农民文叔"
等一批农民知名网红。用网红效应推介利川旅游和本
地农产品，让农产品搭上网红经济快车。

第三，聚焦品牌转化，打造网红平台。利川市坚
持品牌强农、品牌富农，集聚优势资源、优势力量，
聚力打造网红平台，着力打通优质产品进城的通道，
拓宽贫困群众稳定增收渠道。一是借平台，亮名片。
与淘宝直播、抖音、快手等知名直播平台对接，积极
寻求与阿里巴巴、淘质量、淘实惠等电商企业合作，
提升品牌效应。与阿里巴巴签订"打造中国电商直播
示范县"合作协议，共同举办了"阿里巴巴·利川村
播示范项目暨利川网红招募大会启动仪式"；参与了由
商务部、财政部、国务院扶贫办、中央广播电视总台
财经频道联合主办的"2019 中国电商扶贫行动"网络
直播；在首届"中国农民丰收节"上对利川莼菜进行
了推介。二是借外景，创品牌。与"腾龙洞景区"
"凉雾乡莼菜种植基地""汪营镇富硒小土豆种植基
地"等 12 个原产地及景区达成网红外景直播地协议，
组织网红在原产地、贫困村直播农产品生产过程及形

态，通过淘宝村播平台将利川的农产品卖到全国。通过一年的经验积累，利川网红培育模式规范化，打造出进阶型1对1培育模式，并成功推出"凉凉"公共品牌，品牌影响力和竞争力大大提升。

3. 典型案例

（1）云集平台助力"利川巴梨"拓销路

利川盛产梨子，以"长十郎"、香兰两个种类的梨居多，果肉沙糯爽口，具有生津止渴、化痰解淤的功效，深受广大消费者喜爱。湖北钱锋现代农业有限公司成立于2016年，主要经营生鲜、餐饮、冷链配送等业务，建立了成熟的种植、生产基地，带动南坪乡干堰村村民创业增收。借助扶贫契机，湖北钱锋现代农业有限公司抢抓机遇，注册"利川巴梨"商标，打造利川本土特色梨。

2019年8月，利川市人民政府与云集战略签约暨利川巴梨产品首发仪式在萧山区行政中心综合楼一楼大厅举行。现场签署了《战略合作框架协议书》。湖北钱锋食品有限责任公司总经理杨先鸣女士，带着特产——"利川巴梨"现身活动现场，凭借利川市人民政府和萧山区政府的大力支持以及湖北钱锋食品有限责任公司不断的努力，"利川巴梨"在众多领导的见证下，终于登上了知名电商平台——云集电商。

云集平台作为行业领先的社交电商平台，善于挖掘区域特色商品的卖点并带动其网络热销，帮助优质商品进行品牌重塑和推广。在云集战略的帮助下，"利川巴梨"成为了自主品牌，有了独立的包装和营销战略，云集平台也为利川巴梨产品拓宽了销售渠道，提供了广大的优质客户。利川市政府和云集战略平台签约合作，是助力农产品拓宽互联网渠道的一次重大探索。

利川巴梨产品首发，是利川农产品第一次在云集平台的惊艳亮相，也让优质的黄金梨自此走向五湖四海。未来，依托云集"百县千品"项目，更多的知名商品将销售到全国千家万户。自利川巴梨在云集平台上线以来，已预售 100 多吨，销售金额超 15 万元。

（2）"利川脆李"插上电商翅膀飞出大山

近年来，按照"一乡一业，一村一品"布局，利川市因地制宜发展乡村特色产业，一批地方"名片"迅速崛起。"利川脆李"由本地小青李子改良而成，口感清脆，先酸后甜，回味悠长，开胃解滞，是时令佳品。以往，果农们主要把精力放在果树培育上，眼看挂满枝头的果子快要成熟，却没有买家收购，心急如焚。2019 年 6 月，柏杨坝镇农业负责人听说脆李难卖的情况后，马上联系利川电商扶贫馆。扶贫馆负责人次日就结伴来到脆李基地考察，拍摄宣传素材，在平台上线推广销售，并借助当地媒介推广。

如今，柏杨坝镇脆李基地则出现农户在果园里忙碌的图景。采摘、称重、打包、捆绳……一条龙接力。"要跟时间赛跑，早熟的 400 多亩李子必须得在一周之内采摘完，否则熟透的果实裂口就影响外观了。"位于柏杨坝镇的利川电商扶贫馆也是一片忙碌。订货的果商催货电话此起彼伏，网上订单在屏幕上不停跳动。分布在全国的 3000 多位活跃分销代理人通过微信、抖音等，快速将利川脆李丰收的消息扩散开来，利川脆李与巫山脆李一同成为国内网红果品，价格从 8 元一斤一路上涨到 17 元一斤。电商扶贫馆一天最高走货900 多单。①

（3）直播带货创造 152 万元成交额

2020 年冬春之季发生的新冠肺炎疫情，使利川各类产业受到重创。需求降低、消费降级、大面积农产品滞销。于是，利川市通过联手京东直播平台，开展"京源直播抗疫助农"直播售货，旨在帮扶利川滞销农产品加速重启，恢复销售。

2020 年 5 月 4 日下午 6 点至晚 8 点 50 分，在利川市电商扶贫馆，利川市副市长钱鹏和人气主播"Cook-

---

① 刘畅、王明富：《"利川脆李"插上电商翅膀飞出大山》，2019 年 7 月 16 日，利川市人民政府网，http://www.lichuan.gov.cn/2019/0716/850639. shtml。

ie 圈儿"进行以"京源助农大利之川——利川扶贫馆专场感谢您为利川拼一单"为主题的网络直播带货。"原价 46 元一袋的土家腊肉直播间只卖 36 元！原价 198 元的利川红茶直播间 88.8 元一袋！"鸡蛋、腊肉、红茶、莼菜、豆干等各种利川优质土特产引得直播间粉丝争相购买，直播价格在原价的基础之上进行大幅度优惠。此次直播下单额达 152 万余元，直播人气最高达 200 多万人次。①

4. 取得的成效

2017 年 6 月，利川市成功申报国家电子商务进农村综合示范县。2018 年 10 月，在第四届全国县域电商大会上，利川市获授"中国电商示范百佳县"。2019 年 3 月 30 日，利川市作为全国首批淘宝直播样板创建县，成为首个落地阿里巴巴"村播计划"的县域。2019 年 4 月，由湖北省商务厅组织的三方评估中，利川获得示范县效绩考评优秀等次。2019 年 12 月 3 日，利川市代表在湖北省农村电商发展峰会暨淘宝直播村播活动中作典型发言（全省仅 3 个县市），作为村播试点县进行直播。电商已成为利川脱贫攻坚的新引擎，

---

① 李锟：《成交额 152 万元！副市长与人气主播为利川特产直播带货》，2020 年 5 月 5 日，利川市人民政府网，http：//www.lichuan.gov.cn/2020/0505/977123.shtml。

也为脱贫攻坚按下"加速键"。截至 2019 年年底，电商扶贫馆累计服务建档立卡贫困户人数 34270 人，电子商务累计带动农村就业创业人数 1784 人，为脱贫攻坚插上了腾飞的翅膀。

（五）促进贫困人口就业

1. 基本内涵

就业扶贫作为脱贫攻坚的稳定器，既有利于帮助农村贫困劳动力转移就业，也有利于帮助贫困群众转变思想观念、树立自我脱贫信心，确保贫困群众有持续稳定的增收来源，最终实现精准、稳定、可持续脱贫。利川市坚持以"就业扶贫"为统揽，认真落实就业扶贫方针政策，指导做好就业扶贫工作，探索贫困人口脱贫的利川路径。

2. 主要举措和具体做法

第一，建立完善贫困劳动力信息数据库。精准扶贫关键在于"精准"。为做到数据信息"精准"，利川市在恩施州率先开展贫困劳动力信息数据库建设工作，安排各乡镇人社中心，按照"精准登记、精准帮扶、动态管理"的原则，对全市贫困户中男性 16—60 周岁、女性 16—55 周岁有劳动能力的贫困对象进行逐户走访、逐人摸底、逐一登记，详细收集贫困劳动力的劳动能力、就业情况、就业意愿、培训意愿等信息，建立完善贫困劳动力信息数据库。共统计利川市贫困劳动力94094人，并分乡镇建立公益性岗位安置贫困人员花名册、贫困户自主创业花名册、贫困人员培训花名册。积极开展全市外出务工人员情况统计工作，并分类建立相关台账，统计全市共有外出务工人员15.27万人，其中建档立卡贫困人员3.33万人。

第二，开展就业岗位信息精准化宣传。利川市运用各种方式全面宣传和推介萧山区就业岗位信息，引导有意外出务工人员赴萧山就业，在集镇显眼位置张贴杭州、黄石、萧山等地岗位需求信息，通过QQ、微信群以及党政信息平台发布相关信息，以利川市脱贫攻坚指挥部的名义将就业岗位信息下发到各村"尖刀班"，充分利用"尖刀班"驻村工作人员的力量，进村入户推荐就业岗位，对有劳动能力和有外出务工意愿的贫困人员，主动为其对接就业岗位，提供生活保障。2017年以来，利川率先组织工作人员赴萧山区开展劳务协作对接工作，签订了《萧山区·利川市就业扶贫协作框架协议》《萧山区·利川市就业扶贫协作联席会议制度》，召开6次劳务协作工作会议，确定工作目标、工作机制、跟踪服务、供求对接、组织接收、技能培训、技工教育和人文关怀等方面共同推进贫困劳动力劳务协作。在萧山区就业服务处建立利川市劳务协作工作站和人才工作站，积极引导萧山区的企业履行社会责任，落实工资福利待遇，着重解决利川市务工人员的住宿等问题，消除务工人员的后顾之忧。

第三，开展集中劳务输出工作。利川市先后印发《关于做好重点企业招聘工作的通知》和《关于做好立讯精密工业（恩施）有限公司招工工作的通知》，2018—2019年，发放招工简章48600张，张贴招工海报4380张，上墙标语365条。先后组织4次集中输送工作，共计输送1307人，其中建档立卡贫困人员430人，并分别在昆山、吉安两地设立用工服务工作站，各派驻两名工作人员，做好务工人员培训期间跟踪服务、情绪疏导、维权保障等工作。

第四，落实就业扶贫差异化政策。一是落实就业援助政策。利川市连续两年出台《利川市公益性岗位安置贫困人员就业工作方案》，充分利用就业专项资金及杭州对口帮扶劳务协作资金开发适合该类人员就业的公益性岗位，主要为小区保安、道路保洁等简单服务工种，安置就业能力较弱的贫困人员就业，其中易地搬迁人员优先安置。

二是落实扶持创业政策。利川市连续3年出台《关于开展利川市精准扶贫创业扶持项目工作的通知》，对有创业意愿的贫困人员积极开展创业培训、创业项目扶持、创业跟踪指导等服务，实现针对贫困人员创业"扶上马、送一程"的目标，对贫困人员创业给予2000元的一次性创业补贴；积极实施利川精准扶贫就业创业扶持计划、草根创业计划等项目，通过鼓励自主创业，带动贫困劳动力就业，对申报项目核查、评比后给予1万—5万元的无偿扶持；积极落实利川市精准扶贫农家乐政策，贫困户开办农家乐的给予1万元的奖补，对吸纳贫困户就业的给予每吸纳一人2000元的奖补；针对易地搬迁人员没有归属感、缺乏劳动技能和相关知识储备，推广"就业扶贫车间"，引导简单易懂的加工型企业到利川市各个易地搬迁点建立"就业扶贫车间"，帮助易地搬迁人员就地就近就业，让他们住得进、留得住，对吸纳贫困人员就业的企业给予一定的奖补，充分调动企业参与精准扶贫工作的积极性。

三是落实就读技工院校政策。利川市通过萧山东西扶贫协作机制，积极争取萧山"免费学、给补助"的优惠政策，组织建档立卡贫困户家庭子女就读杭州市技校，2018—2019年利川市赴杭州就读人数87人。

第五，推动就业扶贫精细化培训。一是开展精准扶贫培训。2017年以来，利川市连续3年出台《关于进一步做好精准扶贫就业创业培训工作的通知》，以贫困村有劳动能力和培训需求的农村人员为主要培训对象，坚持"合时、合地、合人"的原则为每一个贫困村量身定制培训方案，结合当地实际，充分利用各乡镇培训项目的资源优势，开展独具本地特点的精准扶贫技能培训、易地搬迁农民职业技能培训、建档立卡"两后生"技能培训，培训内容涵盖农作物种植、茶叶产业、畜牧养殖、家政服务等各个适宜本地产业发展的项目，真正把课堂搬到了田间地头、家门屋下，让贫困劳动力听得懂、学得会，增强农村贫困人口脱贫和遏制脱贫人口返贫的内生动力。

二是开展特色产业培训。根据"一乡一业、一村一品"的总体要求，结合贫困人员的培训需求和乡镇产业发展情况，规划利川市各乡镇的品牌培训提升计划，将技能提升培训作为打赢脱贫攻坚战的战略支持和重要力量，全力做好与贫困人员、培训机构、协作单位、市场需求的对接工作，在培训规模、培训质量、培训内容上精准施策，探索出跨区域有偿委托职业技能培训的新路子，积极培育贫困村致富带头人，发挥"帮一个，带一批"的就业倍增效应，激励引导贫困人员学技术、靠手艺、凭技能实现稳定脱贫。

3. 典型案例

（1）小女人家政脱贫大故事

家政服务，在很多人的眼中是一个"伺候人"的行业，其工作内容主要是煮饭、洗衣服、看孩子、照顾老人等。很多从事这一工作的人害怕被别人看不起，羞于向别人透露自己的工作。但是，牟晓红则以此为创业项目，参加创业培训后成功创办恩施州渡帮家政服务有限公司。

牟晓红出生于 1982 年，医学护理专业毕业，先后从事医院临床护士工作共 8 年。机缘巧合之下，她进入重庆商社新世纪百货从事行政管理工作，这一干就是 5 年，本以为会一直做到退休，可一个偶然事件让她改变了想法。事情的起因还得从一次探望病人说起，牟晓红的伯父因病住院，她在探望期间留意到邻床的一位大爷卧病在床，陪在旁边的只有一名男护工。牟晓红发现这名男护工穿着邋遢宽大的 T 恤、一双拖鞋，对待老人的态度也是不冷不热，闲下来就坐在那里打瞌睡。后来，她和病人家属聊天时了解到，大爷是一名退休干部，家人因为工作太忙而不能来陪护，被迫找了一名护工。但是，护工市场混乱，不但价格高，而且不专业。鉴于此，牟晓红突然萌生了打造一支专业护工团队的想法。回家之后，她上网查阅资料，在利川当地走访，发现利川的家政服务市场严重缺人，经常会出现一个家政员在多家家政公司登记的情况，并且没有用工协议，没有上岗前的培训，有的家政公司甚至没有正规的经营场所。经过此番调研，牟晓红更加坚定自己心中的想法，她放弃了别人眼中光鲜、稳定的工作，从原点出发，踏入新的领域。辞职后，她第一时间去大城市考察，才发现家政服务是一个庞大的系统，其中包含母婴护理师（月嫂）、育婴师、护工、养老护理师、家政员等。有想法就得去行动，她先后去到广州、武汉、北京等大城市相关机构学习，尽管有 8 年的临床护理工作经验，但是隔行如隔山，她从基层做起，每件事都力求做好，每个知识点都努力嚼透，经常深夜还在宿舍演练。在这期间，她通过不断学习，凭借不断突破的精神，很快就从门外女变成了"行家"并考取了资质。之后，她到了一家知名家政公司做讲师负责人，带更多人入行。

　　牟晓红没有忘记自己的初心，发展家乡，带更多人就业。一年后，她返乡创业，一手建立起恩施州渡帮家政服务有限公司。就是这样一个"有想法"的小女人，在恩施家政行业闯出了一片天。短短一年时间，在利川市创业培训的帮助下，牟晓红创办的公司取得了利川市人社部门审批的职业技能培训学校资质，还被市妇联授牌为利川市巾帼家政培训基地。公司成立以来，为社会培养优质家政服务人员 1196 人，带动 40 余户建档立卡贫困家庭就业脱贫，拓宽了当地妇女的就业渠道，提高了女性创业的技能，解决了妇女就业、再就业的问题，带动更多贫困家庭自食其力，从而实现脱贫。

（2）"授人以渔"点亮家庭新希望

张贵英，凉雾乡车罗村9组村民。2003年，张贵英丈夫在外做零工时不小心从高处坠落摔伤头部，落下间歇性精神失常病，精神时好时坏。家里顶梁柱倒后，张贵英成为了家里唯一的劳动力。2014年，张贵英一家被纳为建档立卡贫困户。丈夫丧失劳动力，两个孩子尚未成年，面对这样的家庭窘境，张贵英没有放弃，即便自己经历了4次手术后身体变差，仍旧咬牙坚持。在家务农不能有效改善生活，2012年，张贵英选择进城务工，在商场从事保洁工作。2018年10月，张贵英辞掉干了多年的保洁工作，参加了利川市人社局主办的育儿师初级培训班，通过培训考取了小儿推拿师、育婴早教师专项技能培训证书。结业后，张贵英与第一位雇主签订了劳动合同，每月工资3000元。由此，张贵英正式开始育儿师工作。此时的张贵英，两个孩子均在大学就读，仅每月生活费就要2500元。而此前张贵英每月工资仅有1300元，她被迫不停借钱，才能让两个孩子继续上学。新工作无疑是雪中送炭，让张贵英的经济压力减轻不少。因为工作细心、耐心、认真、不计较，张贵英第一次做育儿师工作得到雇主肯定。"张姐很能干，不管是带小孩儿还是打扫卫生，她都干得很好"，雇主罗翠云说，"她走了我们都很舍不得，欢迎她以后多回来看看，也希望她能过得更好"。

为进一步提升能力，2019 年 5 月 13 日，张贵英再次走进育儿师初级培训班进行复训。坐在讲台下，张贵英像第一次进培训班一样，认真听讲，认真做笔记，专注投入。一周的再次培训，让张贵英对育儿师工作有了更深的体悟，也坚定了她的工作信心。"22 号还要参加育儿师高级培训班，24 号参加早教培训班"，张贵英对接下来的培训充满期待。说起再次"回炉重造"，张贵英坦言："我现在的工资和以前相比翻了倍，我还想进一步提升一下自己，想接个工资更高的单，争取早点让家人过上更好的生活。"课余时间，张贵英都会认真复习笔记，一遍记不住就记两遍、三遍，直至将知识点牢记于心。再次进行初级培训，对只有初中文化水平的张贵英来说，仍然算不上轻松。早些年的几次手术麻醉，让张贵英记忆力减退不少。加之，她年纪已大，更是要反复多遍才能记住课堂内容。"我虽然没什么文化，但是只要我肯努力就一定可以做得比现在更好"，张贵英言辞之间，信心满满。

因为深得培训机构负责人认可，复训期间，张贵英接到一个新工作：2019 年 6 月初，她启程去深圳工作，不仅包吃包住包车费，工资也涨到每月 5000 元。"很感谢政府和培训机构的帮助，几次培训都是免费，我现在有技能了，工资会逐渐涨起来，家里条件会变好，有奔头。"儿子也即将大学毕业，张贵英对未来充满期待。

4. 取得的成效

第一，信息平台的搭建是开展就业扶贫工作的前提，贫困劳动力信息数据库详细收集了贫困劳动力的劳动能力、就业情况、就业意愿、培训意愿等信息，为政府扶贫机构精准对接劳动力市场提供了基础。

第二，在落实贫困人口差异化就业过程中，2018—2019年，利川市有关部门共为734名贫困人口提供了公益性岗位，通过公益性岗位兜底安置的方式，帮助了有就业意愿的贫困人员脱贫增收。2018—2019年，利川市精准扶贫农家乐、精准扶贫就业创业扶持计划、草根创业计划各扶持项目92户，拨付扶持资金267.8万元，带动贫困户277人，引导建设"就业扶贫车间"10个，吸纳就业400余人，其中贫困户170人，人均月收入2800元；新建设"就业扶贫车间"15个，吸纳贫困户就业233人，人均月收入3000元，让贫困人口实现了家门口就业。

第三，拓宽贫困劳动力就业途径，强化就业培训，使贫困户学有所长，提升了他们的就业能力。2017—2019年，利川市共开展精准扶贫培训448期，惠及农户 96653 人（其中培训贫困人口 78522 人），拨付补贴 980.45 万元。2016—2018 年共培训建档立卡贫困家庭"两后生"168 人，有意愿参加培训的建档立卡"两后生"培训率达到 100%。

在特色产业培训方面，2018—2019 年，利川市开展贫困村创业致富带头人培训、"利川红"茶艺师培训、月嫂培训、特种作业培训、毛坝茶叶产业培训、柏杨坝新型职业农民培训、南坪小龙虾产业培训、柏杨坝镇扶贫车间技能培训等 12 期共计培训 914 人，其中贫困劳动力 304 人，实现就业 151 人。利川市 20 名建档立卡贫困户在洁卓职业技术学校进行免费的消防设施操作培训，赴杭州进行实践操作培训，培训结束即与浙江天佑消防科技有限公司签订劳动合同，赴杭州市萧山区就业，就业第一年工资每个月 4000 元，随着技能的熟练，工资逐年增加。

（六）以金融扶贫"贷"动脱贫

1. 基本内涵

金融扶贫是落实精准扶贫政策的一个有效手段。在政府的引导下，金融机构面向贫困村和贫困群体提供政策性金融、商业性金融和合作性金融服务，尤其是通过小额贷款工具，为贫困家庭提供生产和经营所需的资金支持，以此助其增加收入，摆脱贫困。因此，金融扶贫是打赢脱贫攻坚战的关键之举。中共中央《关于打赢脱贫攻坚战的决定》，明确提出金融扶贫20条举措。2014年年底，国务院扶贫办等五部门印发《关于创新发展扶贫小额信贷的指导意见》，正式吹响以扶贫小额信贷为核心的金融扶贫集结号。中国人民银行出台扶贫再贷款管理细则，银监会制定银行业金融机构积极投入脱贫攻坚的指导意见，证监会印发关于发挥资本市场作用服务国家脱贫攻坚战略的意见，保监会出台做好保险业助推脱贫攻坚工作的意见。党中央陆续出台的金融精准扶贫政策，为做好金融精准扶贫工作提供重大利好。利川市在2014年年初进行贫困原因调查时，发现缺资金的贫困人口占比为4.61%，有9959人，按照每人（户）5万—10万元进行测算，扶贫小额信贷的资金需求大概在49795万—99590万元。全市141个贫困村，每村建立1家专业合作社或家庭农场，按照每个新型农业经营主体100万元的需求进行测算，约需要14100万元。要实现贫困人口如期脱贫、贫困村限期出列，迫切需要加大金融精准扶贫攻坚力度。

2. 主要举措和具体做法

第一，建强机构。2015年10月，利川市设立金融扶贫管理中心，该中心经过登记注册正式成为法人，负责全市金融扶贫相关工作。全市 15 个乡（镇、街道、开发区）设立金融扶贫管理办公室，启动建设贫困村金融精准扶贫工作站，配备驻村扶贫第一书记和信贷员，专人专职推动工作落实，确保金融资源与贫困对象精准对接。

第二，出台办法。2015 年 11 月，利川市出台《利川市扶贫小额信贷管理试行办法》，并于 2017 年 3 月对其进行修订完善，出台《利川市扶贫小额信贷管理办法》，就贷款的条件、贷款额度、贷款利率、贷款用途、贷款流程、风险防控、代偿程序、贴息方式，以及对市扶贫办、各乡镇政府、商业银行的职责进行了界定，《利川市扶贫小额信贷管理办法》成为全市金融扶贫工作的指导性文件。

第三，加强调度。利川市委、市政府多次召开市委常委会会议、市政府常务会议和专题会议，研究部署、统筹谋划金融扶贫工作，主要领导带头深入乡镇、进村入户走访调研，现场研究解决金融扶贫推进过程中的困难与问题。明确市政府金融办、市扶贫办、市财政局、市经管局等部门在金融扶贫工作中各自分担的统筹协调与服务管理职能。将各合作银行金融扶贫政策落实情况、扶贫小额信贷发放量与地方扶贫资金的存放挂钩，充分调动合作银行发放扶贫小额信贷的积极性。采取督查、通报、现场会、量化考核、末位约谈等方式强力推进金融扶贫工作，利用利川市党务政务交流平台、扶贫小额信贷公众微信群进行日统计、日通报，将扶贫小额信贷完成情况纳入单位年终考核责任目标量化计分内容。

第四，完善措施。在推进金融扶贫政策落实的过程中，利川市紧跟各级政策文件变化，因地制宜修订完善本级金融扶贫政策措施，先后制定出台10个政策文件，及时调整细化政策措施，推进金融扶贫政策精准落实落地落细，提高扶贫小额信贷覆盖面和建档立卡贫困户合理贷款需求满足率，稳妥化解金融风险，努力实现符合贷款条件的建档立卡贫困户"贷得到、用得好、还得上、逐步富"的目标。

第五，创新产品。在实施扶贫小额信贷工作中，利川市以建档立卡贫困户自贷自用为根本，以激活贫困农户"发展生产脱贫一批"内生动力为目的，着力深耕细作，不断提高金融扶贫的覆盖面，一大批贫困户依托扶贫小额信贷摆脱了贫困，成为脱贫致富典型。针对部分农业产业化龙头企业以及优势产业，以"产业＋市场主体＋贫困户"的产业扶贫模式，将产业扶贫和金融扶贫深度融合，市场主体与贫困户建立完整的产业发展利益联结机制，并直接融入产业发展中，通过市场主体来帮扶带动贫困户发展生产，既提升扶贫小额信贷使用绩效，又促使产业扶贫发挥最大效益。农商行针对企业与贫困户建立的产品订单、农村产权、就业收益等利益联结机制，结合"企业 + 贫困户""企业 + 产业基地 + 贫困户"的产业扶贫模式，先后创新推出"茶链贷""蜂富贷""旅宿贷""稻渔贷""绿色循环农业贷"等信贷产品，推动涉农信贷产品在扶贫再贷款示范基地落地。

第六，示范引领。利川市根据扶贫再贷款的政策设计，将贷款全部投向涉农贷款，优先支持贫困户和带动贫困户就业的企业、农民专业合作社。结合山大人稀、人口居住分散的实际情况，利川市制定《利川市扶贫再贷款示范基地创建工作方案》，以"建基地"的模式，集中使用再贷款，让扶贫再贷款在扶贫工作中形成"拳头"效应，发挥最优效益。以示范基地为引导，利川市打通了扶贫再贷款与扶贫小额信贷的联结通道，建立起"地方政府 + 人民银行 + 农商行 + 市场主体 + 贫困户"的管理平台，市政府累计为农商行投放扶贫小额信贷风险补偿金 5827 万元，政府与农商行按 7∶3 的比例分担扶贫小额信贷损失风险。

3. 典型案例

（1）个人贷款发展产业脱贫致富

利川市汪营镇石庙子村 6 组青年农民刘鹏，把前几年外出打工所挣的钱投入蔬菜种植，但因市场等原因亏损十多万元，成为该市建档立卡贫困户。2016年5月，他获得4万元扶贫小额贷款，租赁了40多亩地发展蔬菜产业，一年收入20多万元，还清了债务，摘掉了贫困户帽子，成为脱贫致富典型。

（2）能人大户带动农户共同增收

利川市建南镇大道角村农民徐泽刚，通过提升黄连种植科技含量，打开市场销路，成为远近闻名的黄连专业大户。2016年12月，徐泽刚通过申请，在合作银行贷到30万元的扶贫小额信贷，将其黄连专业合作社扩大到周边5个村庄。合作社现有社员220名，辐射带动农户4000户、黄连基地50000亩，年产销黄连400多吨，销售收入达4800余万元。合作社在基地扩建时优先为贫困户提供就业岗位，对特殊贫困户直接给予资金扶持，多方面提高贫困户收入。截至2019年年底，合作社帮扶的30多户贫困户人均收入从不足3000元提高到现在的6000元以上，徐泽刚牵头成立的黄连专业合作社成为脱贫攻坚的重要抓手和平台。

（3）市场主体多措并举助农脱贫

第一个"扶贫小额信贷＋扶贫再贷款"基地建立在利川市汪营镇境内的五洲牧业有限责任公司（以下简称"五洲牧业公司"）。中国人民银行先向利川农商行发放扶贫再贷款，五洲牧业公司再为选出的100户贫困户（100 户建档立卡贫困户组成五洲牧业专业合作社）提供担保，每户在利川农商行贷款 10 万元购买仔猪入股合作社，五洲牧业公司对入股贫困户进行义务疾病防疫、养殖技术指导及饲料成本价供应，贫困户贷款到期后，五洲牧业公司回购成品猪，贫困户归还贷款。这种模式在汪营镇得到复制推广，截至 2019 年年底，已有 600 余户贫困户参与成立 131 个农民专业合作社，贫困户年增收 1 万元左右。

2017—2019 年参照"户贷企用"政策，由五洲牧业公司提供担保，联结建南镇柏杨渡村、建新村、大屋基村、蔬菜村等 197 户贫困户获得贷款 1970 万元，入股到公司，公司给予每户贫困户贷款额 7%（即 7000 元）的年度分红，2017—2019 年度的 275.8 万元分红已落实到位。按照政策规定，1970 万元"户贷企用"资金于 2019 年 12 月已全部归还。

4. 取得的成效

第一，激发了贫困群众脱贫致富的信心，加快了金融扶贫的步伐。截至 2019 年年底，利川市累计发放扶贫小额信贷 17201 笔 149759.59 万元，其中建档立卡贫困户 16506 笔 132257.09 万元，698 户新型农业经营主体通过带动帮扶贫困户获得 17502.5 万元，累计贴息 46863 人次 6971.96 万元。2017 年，利川市被湖北省政府脱贫攻坚指挥部命名为湖北省唯一的"金融扶贫示范县"。2017—2018 年，利川市扶贫小额信贷新增贷款额度均超过 5 亿元，连续两年位居湖北省第一位。2015—2019 年，利川市连续五年被确定为湖北省最佳金融信用县市，为湖北省恩施州八县市中唯一达到"五连冠"的县级市。

第二，利川扶贫再贷款工作经验具有示范作用。利川市累计运用扶贫再贷款资金 5.1 亿元，建立扶贫再贷款示范基地 20 个，直接推动信贷支持农业产业化企业 9 家、扶贫开发工作重点村 11 个、特色优势农业产业 15 个，间接带动农民专业合作社 131 个、农村致富带头人 156 人与扶贫再贷款示范基地建立利益联结机制，直接吸纳 505 户贫困户长期就业、脱贫致富，短期吸纳 1263 户贫困户临时用工、增加收入。2017 年在全国金融扶贫现场观摩会（十堰）及全国金融扶贫工作培训班（北京）上，利川市扶贫再贷款示范基地创建经验作为典型案例全国推广。

第三，利川"分贷统还"先行先试切实增加了贫困户资金收入。为解决贫困户贷款"怎么用"和银行贷款风险问题，利川市在全省先行先试，探索实施"金融＋旅游企业＋贫困户"的"分贷统还"金融扶贫模式，成立利川市龙船调旅游发展有限公司，为贫困户贷款提供担保，贫困户用贷款资金入股企业实行保底分红，有效破解"贫困户贷不到款、贷款后不知怎么用、银行信贷风险、市场主体融资难"等难题。2017年，龙船调公司筹集"分贷统还"资金44565万元，涉及4879户建档立卡贫困户。三年来，龙船调公司围绕推动全域旅游发展主线，以深化旅游供给侧结构性改革为抓手，全力推进旅游资源整合、开发，打造优质旅游产品，发挥国有企业的带动、示范、龙头作用，为利川脱贫攻坚作出了显著贡献。截至2020年4月底，龙船调公司已兑现分红7115人次4863.7万元，确保了联结贫困户增收。

（七）夯实教育扶贫根基

1. 基本内涵

教育扶贫是一个以贫困者和贫困现象为对象，以发展中的教育为手段，以提高贫困者文化素质、技术技能为目标，以贫困者彻底脱贫为旨归的动态过程。它是一种针对贫困人口人力资本增值、思想观念塑造、生产技能提升的综合性教育治贫活动。教育扶贫通过横向上"家庭教育、学校教育、社会教育、自我教育"和纵向上"基础教育、中等教育/职业教育、高等教育、老年教育"的统筹和协调互补，最终实现教育领域的减贫与脱贫。

2. 主要举措和具体做法

第一，点对点，落实资助政策，确保每个学生读得起书。脱贫攻坚期间，利川市严格落实各项教育扶贫资助政策，严格把关资助程序，按照部门认定→学生申请→学校评审→校级公示→市教育局学生资助中心汇总公示→市财政局下拨资金到中心学校→中心学校直接打到学生资助卡上的流程，点对点核查每个贫困学生，点对点落实每笔资助资金。对市内就读的贫困学生（建档立卡、低保、残疾、特困救助、孤儿、烈士子女及其他经济困难学生）实行"应助尽助，不落一人"。

第二，面对面，进行精准劝返，确保每个学生在校读书。为提高利川市"义务教育有保障"的质量和水平，确保适龄儿童少年入学率100%，守住"绝不能出现因贫辍学"的底线，利川市一直狠抓控辍保学工作。一是认真落实政府主体责任和部门职责，实行"市政府—乡（镇、办）政府—村（居）委会—学生家长"一条线、"市教育局—学校—班主任—学生"一条线的"双线控辍保学"责任制，明确各级各岗位的控辍保学责任，细化目标任务，逐级抓好落实。二是开展大数据比对核查工作，一方面通过对教育部、省教育厅反馈的6批次共计40142条数据开展核查工作，在核查、比对的过程，将失学辍学学生劝返，让大量的失学辍学学生得以返校；另一方面通过市教育局、市卫健局、市公安局三部门联合进行大数据比对，筛查出 15003 条存疑数据，逐条核查，最终锁定 106 条全部为"重病重残"学生。利川市残疾人教育专家委员会对残疾儿童、少年进行了教育安置评估，通过随班就读、特殊教育、送教上门等方式，较好解决了残疾儿童、少年就学问题。三是利川市教育局、利川市扶贫办、利川市民政局、利川市公安局等部门协同发力，利川市各乡镇和相关部门组织力量进村入户，全面摸排、摸清 6—15 周岁人口信息，准确掌握失学辍学学生人数，查明失学辍学学生去向及原因。因人施策，对具备基本学习能力和基本生活自理能力的残疾儿童，通过随班就读、特殊教育、送教上门等方式保障其接受义务教育；对残疾失能儿童少年，由卫健部门提供医学鉴定，确定是否接受义务教育；对留守儿童、孤儿、单亲家庭子女等，加强亲情关爱和学业辅导，培养健全人格，增强学习信心；对随迁子女，加强沟通联系和教育引导，防止辍学现象发生。利川市充分发挥各相关部门职能作用，落实帮扶救助各项措施，确保不因上学远、上学难而辍学，不因家长或监护人不履行送子女上学的义务而辍学，不因家庭经济困难而辍学，不因学习困难厌学而辍学，不因对特殊群体关爱不到位而辍学，扎实做好劝返复学工作。

第三，硬碰硬，推进项目建设，确保每个学生有地方读书。针对各级各类学校项目建设，利川市以义务教育均衡发展和改善提升就学条件为宗旨，进行科学规划，严格规范程序，严守廉洁底线，严把安全防线，以过硬的要求，确保各个项目顺利完成。

第四，实打实，抓好队伍建设，确保每个学生有老师教书。利川市坚持新招聘教师优先满足农村义务教育学校，特别是农村边远乡镇、边远教学点的需要。

3. 典型案例

（1）控辍保学"一个都不能少"

在2019年秋季学期马上就要开学的时候，家住忠路镇桂花村的建档立卡贫困户瞿某训还在为小女儿瞿某菊读书的事犯愁。瞿某菊2019年满15岁，就读于忠路镇小河初级中学，因为学习基础较弱，眼看着就要上九年级了，思想压力很大，所以对上学有着很大的抵触情绪。尽管瞿某训夫妻二人希望她至少完成初中学业，但孩子还是执意要放弃学业陪刚成年的哥哥出去打工。因为担心孩子做出过激行为，夫妻二人只能先顺着孩子。于是，瞿某菊同学就随着哥哥去了河北，由于没有达到用工年龄，她就每天在哥哥租住的房屋里为哥哥做饭。

　　班主任蒋露露老师在开学后没有看到瞿同学来学校报到，在联系其父母之后得知瞿同学不愿读书，已经和哥哥去河北打工去了。抱着"一个都不能少"的态度，蒋露露老师及时和瞿某训夫妻二人进行了深入的交流，最初瞿某训夫妇二人认为，孩子这么大了，有自己的想法，管也管不住，还是顺着她算了。经过对其家庭环境、成长过程及心理状态的分析，蒋老师了解到，瞿同学从小家境一般，父母都是朴实的农村人，没有多少文化，也不善于和子女交流，加上家里唯一的收入就是靠父母种庄稼和父亲偶尔帮别人打零工维持，哥哥刚成年，还没能为家庭分忧解难。瞿同学或许是觉得反正自己成绩差，将来肯定也考不上高中，不如早点进入社会，为父母减轻负担。于是蒋老师先是做起了父母的工作，她从义务教育的重要性讲到父母应该和青春期的孩子如何交流，从教育扶贫解决贫困代际传递的重要意义到学有所成的现实意义，瞿某训夫妻二人最终同意和蒋老师一起去做孩子的工作。

　　与此同时，蒋老师拨通了哥哥瞿某成的电话，第一次通话在瞿同学简单的"嗯""啊"中草草结束，但也从只言片语中基本了解了瞿同学辍学的原因。蒋老师并没有放弃，再一次地拨通了哥哥的电话，她对瞿同学说："老师会尽最大的努力帮助你的，希望你自己不要放弃，把困难解决了你会变得更棒；你的人生还有很多的可能，读书是最好的让你靠自己的本事走出去的道路，现代社会没有知识和文化，以后的工作选择范围就会窄很多；老师也没有放弃过你，你愿意回来读书，学校的大门永远为你敞开，你相信老师，试着在这几年去努力学习一下，如果觉得学习这条路不好，你还有剩下的几十年去做其他的事儿，但是，你现在不学习，以后就没有这样坐在教室纯粹的学习时光了。"

一次次的耐心劝导，从生活到学习、从环境到自身，深入浅出的道理慢慢地将瞿同学引回到学习的道路上来，经过家校合力劝返，终于，在开学两个月后，瞿同学返回了校园，走进了教室。瞿同学返校后，老师们一如往常地对其进行帮助，还经常和她谈心，渐渐激发出了她的学习热情，调动了她的积极性，使她重拾自信，主动地投入到火热的学习生活中，避免了二次流失。

蒋老师在"控辍保学"工作中为迷茫的学生点亮了一盏灯，照亮了学子前行的路。一个人的光芒是微弱的，但利川市站在义务教育一线的4000多名教师一起发出的光芒是耀眼的，在精准脱贫的答卷上，他们是最耀眼的一笔。

（2）教育助学，筑就成长阶梯

在利川市沙溪乡集镇上，有这样一间普通的瓦房，当你走进房间，入眼的却是满墙的奖状，"学习标兵""三好学生""优秀班干部"，等等，各种奖状让人目不暇接，这就是奖状的主人贫困学生周某的家，尽管这只是他们一家四口租住的房屋。

周某一家原本住在沙溪乡江口村，父亲周某仁患有缺铁性贫血病，奶奶患有多年的风湿病，常年卧床，周某和哥哥还在读书，家庭经济困难。2014年他们家被纳入精准扶贫建档立卡贫困户。都说农民的孩子早当家，周某从小就表现出高于同龄人的聪明伶俐，学习成绩也一直名列前茅，父母感到十分欣慰。为了给他营造更好的学习环境，周某仁夫妇在离学校更近的集镇租下了一间条件简陋的瓦房，并在集镇找了一家砖厂打零工，虽然一个月有约3000元的收入，但也只能勉强维持家庭开支。2018年9月，周某的奶奶因病去世，周围的乡亲对周某仁夫妇劝道："趁着年轻，出去打工吧，现在老人走了，你们也没啥负担，外面比家里挣钱多。"周某仁夫妇也曾心动过，但是一想到这么听话、聪明的孩子，要是留守在家，谁来照顾他们呢？最终他们放弃了外出的打算。虽然在家收入微薄，但至少一家人过得开心、幸福。

随着教育扶贫政策的落实落地，周某和哥哥都享受到了相应的教育扶贫政策，周某仁一边开心地说着党的政策好，一边掰着手指数着"咱们家经济条件差，政府专门派人上门帮扶我们，给我们宣讲政策。两个孩子享受国家九年义务教育，不但免学费、免书本费，还享受一年2500元贫困生义务教育生活费补助和一年400元的贫困生西南片区交通补助，地方上也不时地为咱们提供一些资助。有了这么多人的关心和这些教育扶贫政策的帮扶，让我们这些当家长的经济负担减轻了不少"。周某仁有自己的想法：一定要等到两个孩子高中毕业之后才考虑外出打工。两个孩子也没有让父母失望，成绩都很优秀，特别是小儿子周某，学习成绩长期保持在年级前几名，在全市的一次统一考试中还获得了年级第一名、全市第二名的优异成绩。

扶贫是彻底阻断贫困代际传递最根本、最有效的手段。近年来，利川市已构建了从学前教育到高等教育全覆盖的资助体系，市教育局不断地提升服务水平，传递资助好声音，引导资助育人，让国家各项资助政策发挥出更大效益，越来越多的贫困学生在教育扶贫政策筑就的成长阶梯上越走越高、越走越远，相信当他们能回报社会的时候，也必将创造出更大的价值。

4. 取得的成效

第一，贫困生得到教育扶贫专项资助，有利于阻断代际贫困。2016—2019年，利川市辖区范围内学校共计资助学生35.5715万人次22555.0795万元。除常态化政策外，2019 年，学前、义务教育阶段还落实了残疾学生补助 1644 人次 102.75 万元；针对利川市西南片区建档立卡学生实施交通费补助，按照学前、义务教育非寄宿、高中、中职的补助标准为 400 元/生/年，义务教育寄宿 200 元/生/年的标准，自 2017 年秋季学期以来，西南片区交通补助共资助 5.5122 万人次 891.98 万元；大学新生入学资助 594 人次 35.65 万元；泛海计划资助 564 人次 282 万元，及 2019 年学前、义务教育、普通高中新增建档立卡学生第二批共资助 1256 人次 70.0305 万元。

第二，义务教育办学条件得到改善。在校舍建设方面，2014—2019 年利川市"全面改薄"总投资 5.1552 亿元，主要用于校舍建设和运动场建设。截至 2018 年共完成新建校舍、运动场项目 273 个，校舍建筑面积 229816 平方米，硬化运动场 96500 平方米。宽敞明亮的教室、干净平整的操场，为利川市 10 万义务教育阶段学生提供了良好的学习和活动场所。

在后勤设施购置方面，中央薄改专项投入 2199.8 万元、营养改善计划 2014—2016 年结余资金投入 1377 万元，为乡村学校食堂配齐了加工设备，采购净水设备，解决学生安全饮水问题，为寄宿制学校添置了床铺和洗浴设备，落实了"一生一铺"，消除了"大通铺"现象，并为住校学生解决了洗浴困难的问题。

在教育信息化建设方面。2015—2019 年，"全面改薄"共投入资金 6027.9027 万元，其中中央和省级专项资金 3310.4525 万元，地方财政资金 2717.4502 万元，新安装的多媒体电教设备已覆盖全市所有中小学，使得多媒体教学全面应用到义务教育教学中。

第三，师资力量得到加强。利川市坚持新招聘教师优先满足农村义务教育学校，特别是农村边远乡镇、边远教学点的需要。2015—2019 年共招聘农村义务教育教师 881 人（2015 年 130 人，2016 年 219 人，2017 年 213 人，2018 年 151 人，2019 年 168 人），农村教师招聘达到了"退一补一"的要求。利川市通过抓师德教育、抓业务培训，不断提高教师队伍师德水平和业务能力。2019 年全市教师市级及以上集中培训累计 11857 人次，中小学幼儿园校本培训 5857 人次，实现了教师"全员培训"目标。利川市充分保证教师待遇，提高农村教师的幸福指数。职称评审向偏远乡镇倾斜，职称评审过程中，严格执行总量控制，按专业技术岗位申报，坚持向一线教师、农村教师倾斜。截至 2019 年年底，利川市各类教职工 8549 人，师生比为 1∶17.5，其中：幼儿园 2191 人、小学 3123 人、初中 1844 人、九年一贯制 232 人、高中 908 人、特校 29 人、中职 222 人。

（八）提升医疗服务保健康

1. 基本内涵

"一人得大病，全家受拖累。"健康对于每个人、每个家庭都很重要，尤其是对贫困户而言，疾病直接影响着他们脱贫的步伐。健康扶贫的主要任务就是要通过提升医疗保障水平，采取疾病分类救治，提高医疗服务能力，加强公共卫生服务等，让贫困人口能够看得上病、方便看病、看得起病、看得好病、防得住病，确保贫困群众健康有人管，患病有人治，治病能报销，大病有救助，使群众的获得感和满意度不断提升。利川作为恩施州贫困人口最多的深度贫困地区，因病致贫返贫率高达46.83%，提升医疗服务水平迫切急需。

2. 主要举措和具体做法

近年来，利川市精准把脉因病致贫、因病返贫症结，开出基本医疗保险、大病保险补偿、补充医疗保险、民政医疗救助、健康管理五味"药方"，为贫困群众织起一道坚实的健康防护网。

第一，破解因病致贫，让群众看得起病。建立基本医保、大病保险、民政救助、补充医疗保险"四位一体"保障机制，组建健康扶贫工作专班，出台《利川市农村医疗精准扶贫工作实施方案》《利川市健康扶贫工程及行业扶贫实施方案》等系列方案。立足山区群众看病就医负担重、因病致贫返贫比例高的实际情况，将全市所有农村居民住院报销按照"985"的标准，实行保障全覆盖，让广大农村贫困对象最大限度地享受健康扶贫政策红利。实行大病集中救治政策，确定利川市人民医院、利川市民族中医院、利川东方和谐医院为定点医院，分批、分类对部分胃癌、食管癌、终末期肾病、直肠癌、结肠癌、白内障患者进行集中救治，确保农村贫困人口就医基本医保报销比例提高到90%左右，大病、慢性病门诊医疗费用实际报销比例提高到80%，年度个人实际负担医疗费用控制在5000元以内。

第二，防止因病返贫，让群众少生病。全面加强市乡村三级医疗卫生机构能力建设和医疗卫生人员培养，确保所有村卫生室有合格医生、有基本医疗设备、有达标阵地。印发《利川市健康扶贫"慢病签约服务管理一批"行动方案》，按照50元每人的标准，开展农村贫困人口健康管理，推行家庭医生签约服务，建立224个家庭医生团队，签约建档立卡贫困户69143户，签约率99.92%。

第三，强化资金保障，减轻群众负担。在落实贫困人口 100% 参保、100% 资助的基础上，由州、市财政分别按建档立卡贫困人口 100 元每人的标准（民政资助对象全额兜底），设立农村贫困人口"兜底保障资金"，提高住院和门诊病人的医疗报销比例，让贫困群众看得起病，防止慢病拖成大病，增加医疗负担。

第四，提升医疗水平，让群众看得好病。实施基础建设工程，重点支持医疗卫生建设。全市标准化建设的卫生院占比均达到 100%，"五化"村卫生室建设全覆盖；大力实施精准扶贫农村医疗卫生人才能力提升工程，实行城市医生与村医"一对一"结对帮带，提升基层医疗服务能力；加强临床专科能力建设，培育重点专科 51 个，夯实医疗卫生基层基础。创新村医管理模式，培养壮大村医队伍，实行"县招、乡管、村用"管理机制，解决村医养老待遇，方便群众就近看病。推进智慧医疗建设，推进卫计、人社、扶贫等单位精准扶贫系统互联互通，实现市域内就诊"一站式一票制"结算；建设"互联网 + 远程会诊"，搭建远程会诊、影像诊断、远程教学系统，让贫困群众享受优质医疗服务。①

第五，全市医疗机构对来院就诊贫困患者实行"5 个 1"措施，确保健康扶贫政策"不跑偏"。

---

① 吕波：《利川五大药方深化健康扶贫》，2019 年 3 月 8 日，利川市人民政府网，http：//www.lichuan.gov.cn/2019/0308/851001.shtml。

"1"张卡：病人用社保卡办理入院后，医院信息系统将病人的人员类别记录在数据库中，通过信息化管理，优化身份识别工作流程，切实提高农村贫困人员识别精准度，确保国家健康扶贫政策落到实处。"1"优化：切实优化门诊服务，秉承"让信息多跑路、让医务人员多跑路、让病人少跑路"的服务理念，力争让患者不用再到出院结算处排长队办理出院手续。"1"诊疗：长期坚持开展以进村入户为主要形式的送医下乡、巡回义诊活动，把先进的医疗技术送到偏远农村群众的家里，解决边远乡村农民群众看病难的问题，推动健康扶贫政策的落实，进一步推动乡镇卫生事业的发展。"1"结算：进一步加强农村贫困人口基本医疗保障有关政策的落实，严格执行"先诊疗后付费"制度。农村贫困人口入院时只收取住院起付线费用，住院期间一律不收取押金，出院时实行基本医疗保险、大病保险、民政医疗救助、补充保险"四位一体"一站式结算方式，贫困患者只需结清应由个人负担的医疗费用，即可办理出院。"1"督查：按照疾病诊断指南、技术操作规范和临床路径的相关规定，定期或不定期地对已确认的贫困患者的医疗过程进行监督检查，对于发现的突出问题进行严肃追责问责。严格执行卫生行业"九不准"，规范医德医风管理，弘扬社会正能量。①

3. 典型案例

（1）力阻“病根”变“穷根”

51 岁的李先春是团堡镇烽火村 1 组村民，其一家早在 2013 年便被纳入建档立卡贫困户。夫妻二人吃苦耐劳，一直拼搏在脱贫致富第一线，两人种植有 1.5 亩山药，套种有 3 亩地的甜玉米、蔬菜，丈夫黄学祥还是利川市烽火山药种植专业合作社的合伙人。然而，好景不长。2018 年 3 月，李先春长期咳嗽不止出现咯血症状，从利川到恩施，再到宜昌，黄学祥陪着妻子辗转多地求医问诊，反复检查未果，到宜昌的一次 CT 检查就高达 8450 元。症状未消，结果不明，近 4 万元的各类开支不能报销，这些无一不煎熬着夫妻两人，也考验着两人的耐心。李先春病情逐渐加重，经几番深入检查之后，2018 年 7 月最终被确诊为小细胞肺癌。癌症的阴影迅速笼罩在夫妻两人头上。疗效的不确定，生活节奏被打乱，还有那不可预见的高昂治疗费用，摆在李先春和黄学祥的面前。刚刚好起来的生活仿佛又要折回原点，生活的轨迹就要转向。

---

① 吕波：《利川实行“5 个 1”确保健康扶贫政策“不跑偏”》，2019 年 1 月 16 日，利川市人民政府网，http：//www. lichuan. gov. cn/2019/0116/851119. shtml。

　　此时，健康扶贫政策的落实，给这被阴云笼罩的一家带来了曙光。2018年7—9月，李先春在利川市人民医院第一次住院针对性治疗产生29000多元费用，这个时候正逢"四位一体"健康扶贫政策全面实施，于是顺利报销了26000多元。在医保部门同志的帮助下，黄学祥为妻子申请办理了城乡基本医疗保险门诊重症治疗报销，通过审批后，后面每次医疗费用报销比例都超过了90%。李先春在诊疗的10个月间，先后6次在利川、恩施住院，宜昌检查，治病总花销高达28万元（含车费、食宿费等不能报销的费用），已按规定报销的超过21万元。"其实我们自己就出了7万元左右，虽然对我们来说不是小数字，但比起28万，已经是非常好了。而且每次住院都能随即办好（报销手续），非常方便"，黄学祥对健康扶贫政策的落实打心底表示感谢。①

　　（2）医药送到村民家门口

　　送"医疗"活动是利川市委组织部开展的"四送"活动之一。2018年5月31日，市委组织部、利川东方和谐医院、南坪卫生院来到南坪乡大河村，为300多名村民提供免费健康体检，并根据体检情况免费发放了价值1万多元的药品。大河村有2645人，原

---

① 周青帝：《健康扶贫：力阻"病根"变"穷根"》，2019年4月21日，利川市人民政府网，http://www.lichuan.gov.cn/2019/0421/850891.shtml。

有贫困户 166 户，2017 年整村脱贫。因病致贫、因病返贫现象较为突出，开展义诊活动，让村民在家门口看病，既是减轻贫困户负担，也是为了守护更多村民健康，提升群众身体健康水平。

义诊地点围满了前来体检的村民。东方和谐医院组织了外科、内科、妇科、五官科等医务人员，并带来了 B 超、心电图等医疗器械，现场给村民检查，还有抽血、测血压等检查。"免费体检，不用跑路到市里看病，很方便"，得知义诊活动，村民早早就来排队看病，领到感冒药品的王阿姨连连称赞这次活动开展得好。①

4. 取得的成效

第一，利川市构筑的"基本医保 + 大病保险 + 民政医疗救助 + 补充医疗保险"四位一体的健康扶贫体系，为贫困群众织起一道健康保护网。

第二，实施"先诊疗后付费""一站式"结算制度，在全市医疗机构建立与四位一体健康扶贫模式相适应的"一站式"结算窗口，极大地方便了困难群众。

第三，公共卫生服务全面提升。利川市 14 个乡镇卫生院（社区卫生服务中心）全部完成标准化建设，

---

① 冉春平：《万元药品惠村民健康》，2018 年 5 月 31 日，利川市人民政府网，http://www.lichuan.gov.cn/2018/0531/852035.shtml。

建成村级卫生室 556 所，实现了"四化"标准卫生院全覆盖，成功创建"四化"乡镇卫生院 9 家、"群众满意的乡镇卫生院" 3 家，贫困村群众获得的公共卫生和基本医疗服务更加均等，服务水平进一步提高。

（九）生态保护与扶贫开发相结合

1. 基本内涵

党的十八大提出，坚持扶贫开发与生态保护并重，践行"绿水青山就是金山银山"的理念，将生态建设与脱贫攻坚有机结合，努力实现荒山增绿、农民增收，实现"绿"与"富"双赢。也就是说，政府在实施扶贫脱贫过程中，要立足市情，严守生态底线，不断加大对贫困片区的生态扶贫支持力度，达到推动贫困地区扶贫开发与生态保护相协调、脱贫致富与可持续发展相促进的扶贫模式。

2. 主要举措和具体做法

第一，坚持生态立市，践行绿色发展理念。利川市委、市政府抢抓发展机遇，认真贯彻落实"两山"理论，推动绿色发展，将林业生态建设作为保生态、惠民生、促跨越的重要举措，准确定位林业发展方向，牢牢把握林业项目建设重点，深入推进退耕还林、生态公益林、天然林保护、石漠化治理及林业碳汇等林业生态工程，大力恢复森林植被。将生态补偿政策宣传到村、组、农户，在政府引导、老百姓自愿的原则下，结合人居环境治理、乡村振兴战略，将各生态项目落到地块，立足增绿增效、产业结构调整、精准脱贫、生态建设和农民增收，以实施退耕还林工程、生态公益林、天然林停伐管护、绿满荆楚行动及林业碳汇项目为载体，走绿色发展、生态优先之路，促进生态环境改善、绿色经济发展、生态文化繁荣、人与自然和谐相处。

第二，发展生态产业，创新生态扶贫模式。利川市充分借力林业生态项目的实施，拿山地做文章，因地制宜、因势利导合理利用林业资源，把林业产业发展作为调整山区农村产业结构、贫困群众脱贫致富的基础产业。利川市依托地理资源优势，因地制宜发展茶叶、山桐子、油茶、油桐、板栗、核桃、李子、桃子、梨子、樱桃、猕猴桃、柑橘等特色林业产业。为突破劳动力短缺的制约，加快林业产业发展步伐，引入市场主体，以"企业+专业合作社+农户+基地"的模式大力开展各项生态项目建设，带动农户就近就业、土地流转、入股分红多重增收，实现企业、合作社、农户之间利益共享，推进地区产业发展。

第三，强化生态护林，助推贫困人口就业。为有效解决建档立卡贫困户增收难题，拓宽就业渠道，同时充实基层急需的生态保护队伍，织密织牢生态资源保护网，利川市积极争取补助资金，迅速谋划、摸底、聘用护林员，出台《关于落实建档立卡贫困人口生态护林员有关事项的通知》《利川市生态护林员管理办法》等文件，明确聘用条件、流程、补助标准等。

第四，落实生态补偿，加快贫困人口致富。一是退耕还林。针对坡耕地多、水土流失严重、粮食产量低且不稳定、生态环境脆弱的实际，利川市将退耕还林工程作为生态建设、调整农村产业结构、实现山区农民脱贫致富和乡村振兴的重要举措，优先安排贫困村、贫困户实施，让工程成为既要生态也为农民"口袋"的生态保护和强农惠农工程。

二是生态公益林。为保护和发展森林资源，创建"国家级生态文明建设示范市"，利川市加大林业生态建设力度，加强森林资源保护，共划定生态公益林面积187.93万亩（其中国家级公益林172.35万亩、省级公益林14.7万亩），覆盖14个乡镇314个行政村的67708户，2015—2019年共兑现生态效益补偿资金12690万元，户均增收1874元，既保护了森林资源，又增加了贫困群众收入。

三是天然林停伐管护。按照完善天然林保护制度，全面停止天然林商业性采伐的要求，利川市出台《利川市 2019 年度天然林停伐管护补助实施方案》，明确了实施范围、规模及布局、实施措施及政策兑现标准。

3. 典型案例

杨兴富，利川市东城笔架山村村民。杨兴富一家有 8 口人，2013 年因缺乏生产技术而成为贫困户。后来，一家人勤做肯做、外出务工，于 2016 年脱贫出列。2016 年，曾当过 40 年村民小组长的杨兴富被笔架山村村委会聘请为生态护林员，从此开始了他的护林生涯。在山火高发期的 11 月至次年 2 月，杨兴富一天要巡山三四次，来回有近 24 千米的距离，在其他季节，例行巡山。巡山的主要内容就是观察松树是否有线虫病，发现病树便及时砍掉，然后拍照并带回样品上交林业部门进行化验，防止大规模病虫害产生。因为巡山路线长、面积大，杨兴富常常过了饭点才回家。冬季日短，常常两顿饭并作一顿。脚上一双解放鞋，手头一把磨快的刀，是杨兴富巡林的标配。从当地村支部书记处了解到，"当时村里面聘请杨兴富当护林员，一是因为他是建档立卡贫困户，二是因为他当过多年组长，对工作很认真负责"。

按国家的生态补偿政策，杨兴富当生态护林员，每年可以有 4000 元收入，再加上标准生态公益林补偿款每年有 1000 多元，以及退耕还林补偿款每亩 1200

元，这些生态扶贫款项都给杨兴富一家原本清贫的生活带来了不小的变化。截至 2019 年年底，杨兴富家里种植有 1 亩贝母、8 亩玉米，还养殖有 8 桶蜜蜂。巡山之余，他还在城里当电梯安装工，补贴家用。杨兴富儿子新修的房屋已经完工，正待装修。

4. 取得的成效

第一，通过生态项目的实施，利川市水土流失得到根本遏制，石漠化侵蚀得到有效治理，森林植被不断增加，2019 年利川市森林覆盖率达 63.58%，森林蓄积量以每年近 4% 的增长率增加，野生动物种群数量不断增多，生物多样性得以逐年恢复，农牧业抵抗自然灾害的能力不断增强，空气质量总体良好，达到国家二级空气质量标准，2019 年利川市空气质量综合指数为 2.56，全省排名第三，仅次于神农架林区、鹤峰县。利川市成功创建中国优秀旅游城市、国家园林城市、省级生态文明建设示范市，荣获"中国凉爽之城"称号，正在积极创建"国家级生态文明建设示范市"。

第二，成功打造了特色林业。近年来，利川市在新一轮退耕还林等项目建设中，大量造林。2015—2019 年，共营造山桐子林 6.8 万余亩，占新一轮退耕还林的 38.9%。忠路、文斗、沙溪等乡镇发展油茶、油桐 0.8 万亩。以西南片区为主的 6 个乡镇，在新一轮退耕还林中还林 4.4 万余亩，占新一轮退耕还林面积的 25%。高山以干果为主、二高山和低山以水果为主，发展板栗、核桃、李子、桃子、梨子、樱桃、猕猴桃、柑橘等特色经果林 1.5 万亩。特色产业使退耕户户均增收 1.5 万—2 万元，利川市林业产业为精准脱贫工作起到了基础性、不可取代的作用。在绿色发展理念的引领下，"绿水青山"正在源源不断变为"金山银山"，特色林业成为利川市一道绿色风景线。

第三，实现了林业资源保护与贫困群众增收的双赢。2015—2019 年年底，利川市累计实施新一轮退耕还林 17.5 万亩，项目涵盖 14 个乡镇 391 个行政村的 88752 户，发放补偿资金 19946 万元，使利川市林业用地面积增加 17.5 万亩，森林覆盖率提高近 3 个百分点。2016 年，利川市聘用贫困户生态护林员 1215 名，到 2020 年选聘增加到 3000 名，共发放管护承包费 1588 万元，实现了"聘用一人护林，带动一户脱贫"。此外，利川市天然林停伐管护面积 52.94 万亩覆盖 10 个乡镇 90 个行政村的 28598 户，补偿资金 727.93 万元。

（十）易地扶贫搬迁谋幸福

1. 基本内涵

易地扶贫搬迁脱贫是解决"一方水土养不起一方

人"这一深层贫困问题的根本办法，按照自愿原则，强调通过对生存条件恶劣地区的贫困人口进行搬迁安置，使他们离开生存条件恶劣的地区，到比较适宜居住的地方，住在新房子里面安居乐业，改善生存环境。因地制宜，在引导贫困人口搬迁的过程中，要有序搬迁，着力培育和发展后续产业，确保搬得出、稳得住、能发展、可致富。在"十三五"期间，利川市锁定易地扶贫搬迁规模 11433 户 36175 人，其中集中安置6498 户 20924 人，分散安置 4935 户 15251 人，规划建设集中安置点 177 个。

2. 主要举措和具体做法

第一，坚持责任细化。成立以市长为组长，常务副市长为副组长的易地扶贫搬迁工作领导小组，以市委常委会会议、市政府常务会议、专题会议研究易地扶贫搬迁工作。组建工作专班，集中办公，搬迁任务不完成，专班人员不撤离。各乡镇、市直相关部门按照全市统一部署，均成立以党政"一把手"任组长的易地扶贫搬迁工作领导小组，明确专人负责，配齐配强专班人员，为工程实施提供了坚实有力的组织保障。

第二，健全工作机制。建立市"四大家"班子成员联系重点建设项目、联系重点贫困村的工作机制，实行市"四大家"主要领导督办易地扶贫搬迁项目制度，日报告、周调度、月排名，助推项目落地落实。将易地扶贫搬迁任务纳入乡镇、部门年度目标考核体系，作为干部评先选优重要依据，乡镇主要负责人坚持每月到40%的安置现场指导，分管负责人坚持每月到80%的安置现场指导，确保项目安全、质量、进度"三不误"。把让群众满意作为工作的动力，广泛征求群众意见，吸纳群众参与自家住房建设和质量监督，让群众既当受益者，又做管理者和建设者，人民群众满意度、舒适度大幅度提高。

第三，系统扎实推进。市易迁办充分发挥"指挥部"作用，编制《易地扶贫搬迁"十三五"规划》，制定《易地扶贫搬迁资金管理办法》等规范性文件，为搬迁安置的顺利实施提供坚实的政策支持。规划部门结合利川市的实际，制定户型参考图集，抽调专人负责办理项目选址意见书。国土部门严把选址关，全力争取用地指标，开辟用地预审意见专用通道。住建部门积极指导乡镇做好安置点规划、房型设计、施工图设计审查，开辟绿色审批通道办理施工许可证和房屋产权证，强化房屋质量监管。其他单位均实行部门联动、提前介入、上门服务，强力推进易迁项目建设。各乡镇坚持主要领导挂帅，分管领导具体抓，组建专班，制定作战图和任务清单，责任到人，形成上下联动、齐抓共管的格局。

第四，强化产业配套。确定以发展烟叶、茶叶、山桐子和香菇等为主的后续脱贫产业，同时因地制宜探索出民宿旅游、稻鱼共生、莼菜、山药、药材种植等系列配套产业，有效解决了易迁户后续产业发展难题。

3. 典型案例

（1）柏杨坝镇永兴家园易迁集中安置点

柏杨坝镇永兴家园集中安置点以后续发展为基础，以解决就业为重点，与乡村振兴同谋划，围绕"一乡一业、一村一品"，积极推进易迁户后续扶持工作有序化，全方位、多形式开辟就业渠道。安置点一层共有门面房124间，通过前三年内减免租金的方式，引进本土企业入驻，建成柏杨豆干制造生产企业、制鞋厂、制衣厂、水厂、面厂、茶厂、电商等扶贫车间78间，提供岗位180余个。

利川市柏杨沈记好吃婆实业开发有限公司是安置小区引进的本土企业之一，也是带动永兴家园易迁户发展的典型企业。该公司接管小区交办的门面后，投资40余万元用于门面装修和机器购买。装修完工后，易迁户可以在门面内从事豆干的生产和销售，卖不完的豆干由公司按照市场批发价回收，以保证易迁户的利益。

"刚开始我是真的不相信有这样好的事",易迁户单绪生说,"免费给我们装修,免费给我们提供机器,卖不完的还负责回收"。单绪生原门面装修简单,机器落后,属于小作坊生产,生意惨淡。通过引进企业、自主经营等方式,易迁户在永兴小区实现了家门口就业,实现了"农民"到"工人"的转变。"生活有了奔头,心里更敞亮"是大部分易迁户入住后的心声。易迁户蒲耀成原住房是木质结构的瓦房,房屋阴暗潮湿,且破败不堪,生产生活很不方便。搬进新房子后,虽然没钱装修,但屋内收拾得干净规整,家里散发出生机勃勃的气象。"以前就是天天种庄稼,天一亮就出去,天黑了才回来,辛辛苦苦干了一辈子,也还是老样子,房子也没钱好好修修,现在不仅住进了新房子,离镇中还这么近,条件还这么好,对未来我们充满了信心",蒲耀成的妻子余国碧说。

永兴家园负责人表示,为进一步提升易迁户的幸福感,小区深入开展"乡风文明我添彩"活动、"村花"志愿者服务活动,营造争优看齐的良好氛围;不断开展劳动技能就业培训,提升贫困户自身发展动能;继续引导企业入驻,为小区居民提供更多就业机会。

(2)凉雾乡池谷村易迁集中安置点

凉雾乡易地扶贫搬迁池谷集中安置点坐落在集镇西部1千米处的池谷村11组,与旁边正在建设中的池谷小镇融为一体。2018年9月底，附近9个村71户建档立卡安置户集中搬迁入住。凭借"天时地利人和"，结合"四最"措施，让易地搬迁贫困户"搬得进、稳得住、逐步能致富"。坚持区位优先，用"最好"的土地建设安置小区。池谷安置小区毗邻龙船水乡4A级景区，距凉雾集镇1.2千米，现已纳入利川市城市总体规划；以池谷安置小区为中心的半径2千米范围内，正在建设的还有北夷城、汽车露营地、诸天田园综合体、北美风情小镇等项目。强化质量管控，用"最硬"的手段确保建设质量。除监理方、乡易迁办、池谷村村支两委介入安置小区建设质量监管外，池谷村还动员有劳动能力的易迁对象参与小区建设，让他们既获取劳务报酬，又亲身参与工程建设全程监管。完善基础配套，用"最优"的设施服务易迁对象。安置小区内水电气光纤全部地埋并入户，另建有新村管委会，以及集体食堂、活动广场、公厕等配套设施。在开展社会扶贫过程中，凉雾商会发动乡域内企业为小区易迁户共计捐款70万元，为每户易迁户配备灶具、热水器、电视机、烤火炉、沙发、床具等室内生活必需品。落实多元保障，用"最实"的措施确保增收致富。为每户易迁对象提供一个大棚——0.5亩菜园子，并通过企业、专业合作社、公益性岗位为有劳动能力的易迁对象每户提供一个以上就业岗位，让易迁对象能劳作有就业。

4. 取得的成效

第一，坚持美化"塑形"，打造了靓丽城乡新形象。利川市坚持城乡统筹理念，把易地扶贫搬迁与美丽乡村建设、生态文明建设相结合，加强安置区基础设施和公共服务配套建设，集中安置点安全饮水、动力电、砂石路、宽带网络基本实现全覆盖。聚力实施"四个三重大生态工程"，围绕易迁点修建污水处理工程18个、垃圾中转站工程10个，帮助易迁户实施改厕6000余户。严守"建新房必须拆旧复垦"红线，大力推进拆旧复垦，既缓解城镇用地指标紧张形势，又让废墟变成绿色良田，守住了发展和生态底线。

第二，坚持立根"铸魂"，凝聚了美丽乡村精气神。织牢乡村治理网、文化服务网，建设充满生机活力的乡风文明体系，提升群众素质，塑造新时代农民精神新面貌。引导群众听党话跟党走，深入开展"大学习大走访大整改"行动，广泛宣传习近平新时代中国特色社会主义思想和党的十九大精神，提升群众对党的路线方针政策的拥护度。引导群众讲道德，实施社会主义核心价值观落地工程，完善村规民约，讲好美德故事，传播美德力量，引导易迁户向上向善、孝老爱亲、重义守信、勤俭持家。开展"大美利川"系列评选活动，评选易迁先进典型 88 名。引导群众爱生活懂生活，围绕易迁点新建文体广场 21 个、文化长廊 5 个、图书阅览室 101 个，满足人民群众对文化生活的向往和追求；组建百余支红色文艺轻骑兵小分队，深入易迁点开展送戏下乡活动 50 余场，把精神食粮送到易迁户眼前，让群众获得更多的文化熏陶和滋养。

第三，坚持产业"造血"，踏上稳定脱贫小康路。坚持"输血"变"造血"，建立起"产业发展优先考虑易迁群众，务工就业优先雇用易迁群众，运营管理优先聘用易迁群众，产品开发优先照顾易迁群众"的利益联结模式，打造出南坪"田园综合体"稻鱼共生、汪营"香菇小镇"、谋道"南浦古镇"等易地扶贫搬迁新模式。组织易迁群众参加新型职业农民培训；借助"全域旅游"发展，鼓励易迁群众从事餐饮、服装、运输、物流、民宿等行业，带动易迁群众就近就业。借力旅游发展优势，因地制宜，出台政策，把易迁安置房建设与实施民宿旅游"十村百企万户"工程有机结合，带动一大批易迁户增收。

截至 2019 年，利川市 14 个有易迁任务的乡镇均已完成建设任务，实现"交钥匙"。

（十一）社会保障兜底与扶贫开发有效衔接

1. 基本内涵

尽管中国各地政府对于贫困群众采取改善基础设施生产和生活条件、助力产业扶贫等举措，但仍有一些条件差、底子薄、难度大的贫困人口。全面小康路上，一个不能少。为此，中国政府设立社会保障兜底政策，就是要通过最低生活保障、养老保险和医疗保险等形式的社会保障体系，扶持、安置、救济和帮助那些特殊困难群体，构筑脱贫攻坚的最后一道"安全网"，凝聚强大社会保障合力，有效确保了兜底对象一个不落、如期脱贫。利川市对该市建档立卡贫困户中的低保、五保对象落实社会救助政策，实现"兜底脱贫"。

2. 主要举措与具体做法

第一，以两项制度衔接为核心，编织低保"兜底网"。2016年，利川市启动农村低保"按标施保"，实现农村低保保障对象与精准识别的建档立卡贫困对象有机统一，农村低保收入从2300元每人每年提高到3200元每人每年。随后，相继出台《利川市民政局精准扶贫兜底保障工作实施方案》《关于做好农村低保与扶贫开发政策有效衔接的通知》等系列文件，明确对"家庭成员全部是老年人、未成年人的特殊贫困家庭"等四类建档立卡贫困人口中部分或完全丧失劳动能力、无法依靠产业扶持和就业帮助脱贫的家庭实行政策性保障兜底，通过"四个逐一走访"（走访核对未脱贫建档立卡贫困户中有老年人、残疾人、儿童等重点对象家庭，走访核对低收入家庭、未脱贫建档立卡贫困户中靠家庭供养且无法单独立户的一级、二级重度残疾人和三级智力残疾人、三级精神残疾人以及获得重特大疾病医疗救助的重病患者等完全丧失劳动能力和部分丧失劳动能力的贫困人口，走访核对2018年以来通过年度核查、大数据监督检查、审计等发现问题整改的原因退出农村低保的老年人、残疾人、儿童，走访核对农村低保中的老年人、残疾人、儿童等重点对象），及时将符合条件的家庭纳入低保，不漏一户一人。2019年4月，利川市发布《关于做好城乡低保审批权限委托下放相关事宜的通知》，将城乡低保审批权委托乡镇实施，实现乡镇审批规范运作，优化救助流程，提高救助效率，进一步推进了农村低保制度与扶贫开发政策的有效衔接。同时，上线运行利川市精准扶贫大数据平台，实现建档立卡贫困户信息与部门信息资源的互通共享，推进残疾人保障、低保兜底、医疗救助等政策与精准扶贫建档立卡对象有效衔接，全方位全过程监管到户政策落实情况，确保"应保尽保、应兜尽兜、动态管理"。

第二，以开展慢性病评审为抓手，搭建医疗"健康桥"。利川市按照"保基本、广覆盖、有弹性、可持续"的原则，积极构建"先诊疗后付费"一站式结算运行机制，全面落实"985"政策，深入开展农村贫困人口门诊特殊慢性病评审，不断提升基本医疗保障水平，确保群众"健康有人管、患病有人治、治病能报销、大病有救助"。据统计，2019 年该市因病致贫返贫 20958 户 65289 人，因病致贫返贫率为 31.32%；已脱贫人口中因病致贫返贫的共 20645 户 64378 人，占已脱贫总人口的 30.9%；未脱贫人口中因病致贫返贫的共 313 户 911 人，占未脱贫总人口的 44.71%。该市在大力推进大病集中救治的前提下，重点突出抓好慢性病管理，确保慢性病患者筛查、评审、政策保障一人不漏。

一是全力开展"上门服务"慢病评审。从过去的患者自行到部门评审改变为部门主动上门评审的模式，由村"尖刀班"负责摸排，乡镇卫生院负责收集资料和初审，卫健局负责组织市人民医院、民族中医院、妇幼保健院、东方和谐医院、精神病医院专家到乡镇卫生院进行集中评审，对长期患病在床且申报资料不齐全的门诊特殊慢性病患者，组织专家上门评审，解决基层群众看病远、看病难的问题。2019 年，利川市先后开展了 5 轮流动评审和集中评审，组织医务人员 800 多人次，共评审 7.2 万余人（其中上门评审 308 人），共评审通过 16049 人（其中贫困人口 6348 人），做到了慢病评审全覆盖、无死角，实现应评尽评的目标。截至 2019 年年底，全市共纳入门诊特殊慢性病管理 23759 人，其中贫困人口 9121 人。

二是全面落实"统一管理"慢性病签约。将评审通过的慢性病患者全部纳入家庭医生签约服务管理，落实签约服务政策，提供基本医疗、公共卫生、健康管理等服务，重点加强对高血压、糖尿病、结核病、严重精神障碍等慢性病患者的规范化管理和健康服务。同时，对慢性病患者进行一次免费健康体检，并开展个性化健康指导服务。

三是全方位强化"定额补助"慢性病保障。对糖尿病、再生障碍性贫血等 23 种特殊门诊慢性病实行定额补偿，农村贫困人口补偿标准在城乡居民补偿标准基础上增加 1000 元，贫困人口门诊就医购药时直接从统筹账户扣除费用。

第三，以推进残疾人扶贫为载体，筑牢民生"保障线"。利川市以强化残疾人基本民生保障为核心，以实施好残疾人"两项补贴"制度为发力点，着力精准锁定残疾人数据，扎实开展集中、入户评残工作，确保惠残政策落实落地、稳定实现残疾人"两不愁三保障"脱贫目标任务。

一是开展四轮摸排行动。市脱贫攻坚指挥部办公室和扶贫、残联、卫健等部门联合出台《利川市下乡办理残疾人证工作实施方案》，由残联牵头，在恩施州率先组织开展四轮疑似残疾人摸底工作，反复摸清底数，精准锁定最终数据。同时，通过多次召开残联、卫健、医保等部门联席会，反复研究残疾人扶贫相关工作，对每轮摸排的数据进行逐一核实，逐步推进残疾人评残办证工作。截至 2019 年 10 月，共摸排疑似残疾人 12574 人次，核实办证 11720 人。

二是创新服务上门评残。该市通过走访调研，逐步简化原有的由村到乡到市的审批程序，由被动转化为主动，本着就近就便的原则，采取集中评残和上门评残两种方式解决残疾人办证问题，如在沙溪乡设小沙溪片区、黄泥坝片区、新庄片区，以片区为单位进行集中评残。截至 2019 年年底，该市集中评残 10662 人，入户评残 1058 人，共计下乡评残（换证）11720 人。

三是建立动态长效机制。将残疾人扶贫作为精准扶贫的重要工作来抓，形成动态管控机制，对新出现或残疾状况发生重大变化且行动不便的残疾人，组建专门的残疾鉴定医疗专家组适时进行集中评残或上门入户评残，现场鉴定评级。同时，建立残联、民政、医保、公安、扶贫等多部门的运转协调机制，对残疾人工作进行动态管理，实现应办尽办、应评尽评。

3. 典型案例

（1）刘建兵患病享受低保政策

利川市元堡乡花秋村9组贫困户刘建兵，患有炎症性疾病，无收入来源，家有两个在校学生和一个无劳动能力的母亲，家庭条件十分困难。在村"尖刀班"开展低保入户调查后，认定该户符合低保纳入条件，经过村级民主评议、公示等程序后，于2019年9月24日将该户低保申请提交至元堡乡民政办，2019年9月28日元堡乡召开9月低保评审会，审批通过了刘建兵为低保户。"两项制度"有效衔接后，程序进一步优化和精简，直接提高了困难人员救助水平。

（2）贺国元因重残获救助

利川市汪营镇鹞子池村村民贺国元，2019年年初，在他69岁这一年因突发脑出血患上偏瘫，四肢失去知觉，一直瘫痪在床。2019年8月31日，利川市残联组织的入户评残小组来到了贺国元家，市人民医院许建波医生询问了贺国元的既往病史，用仪器为他认真检查了病症，现场评定贺国元为肢体二级残疾，并出具鉴定报告。贺国元为低保户，2019年9月享受重度残疾人护理补贴 100 元和困难残疾人生活补贴 50 元，10 月补助资金发放到位。利川市以关注残疾人民生为出发点，开展上门服务式的评残工作模式得到了群众的高度认可，开创了残疾人精准帮扶新格局，有力提升了残疾人幸福感和认可度。

（3）周明轩夫妇受益特殊慢性病补助

利川市汪营镇石朝门村 11 组建档立卡贫困户周明轩一家，通过参与门诊特殊慢性病集中评审，夫妻二人均被认定为患慢性阻塞性肺疾病，享受每人每年 2500 元的特殊慢性病补助。利川市深入开展门诊特殊慢性病评审，并针对长期患病在床且申报资料不齐全的门诊特殊慢性病患者，集中组织专家上门评审，彻底解决了基层群众看病远、看病难的问题，有效提高了慢性病管理水平，受到了群众的一致好评。

4. 取得的成效

第一，对于符合条件的四类特困群体给予低保兜底。2019 年，利川市农村低保收入提高到 4380 元每人每年，全市全年新增农村低保户 2 万户、3.4 万人，其中新增低保对象中属于政策性兜底保障的约 2.4 万人（含属于低收入家庭中重病重残对象按程序纳入政策兜底单人保障对象 0.6 万人），占新增低保人口的 71%。2019 年度累计发放救助金 20782.97 万元。截至 2020

年3月，利川市农村低保保障38266户68434人，保障人口中建档立卡贫困户为29069户54356人，低保中的建档立卡人员占比为79%。对该市因病及因病致残的困难家庭落实"医疗救助"和"医疗扶持"政策，确保农村贫困人口基本医疗有保障。

第二，全面落实特殊慢性病签约服务。2019年，全市家庭医生共签约贫困人口198643人，完成贫困人口总数的89.86%；健康体检124104人，完成贫困人口总数的56.14%，占常住贫困人口比例的100%，在家常住贫困人口慢性病患者实现应签尽签、应检尽检。2019年，门诊慢性病贫困户患者就医32287人次，总费用1010万元，统筹支出769万元，健康扶贫兜底保障227.6万元。

由于精准扶贫举措存在内在关联，因此，在扶贫、助贫工作中，常常多措并举，形成合力，共同推进利川市的精准扶贫进程。

四　利川市精准扶贫
取得的成就

利川市委、市政府始终坚持把脱贫攻坚作为首要政治任务、头等大事和第一民生工程来抓，聚焦"两不愁三保障"标准，坚定不移贯彻党中央国务院、省委省政府和州委州政府决策部署，按照"六个精准""五个一批"要求，全面深化"八个到村到户"工作举措，各年度脱贫计划顺利完成，饮水、电网、交通、通信等基础设施极大改善，教育、医疗、文化等公共服务明显提升，产业、就业、生态、住房、社会保障等强农惠农政策落地生根，脱贫攻坚取得决定性成效。

（一）脱贫攻坚目标如期实现

党中央精准扶贫精准脱贫方略实施以来，利川市委、市政府围绕总攻目标，编制《利川市区域发展与扶贫攻坚规划》《片区区域发展与扶贫攻坚"十三五"
利川市级实施规划》，构建"5 年集中攻坚、1 年巩固
提高、全面建成小康社会"的"路线图"，制定分年
度、分措施、分人脱贫计划，尽锐出战，持续下足
"绣花"功夫，如期取得扶贫脱贫成效。

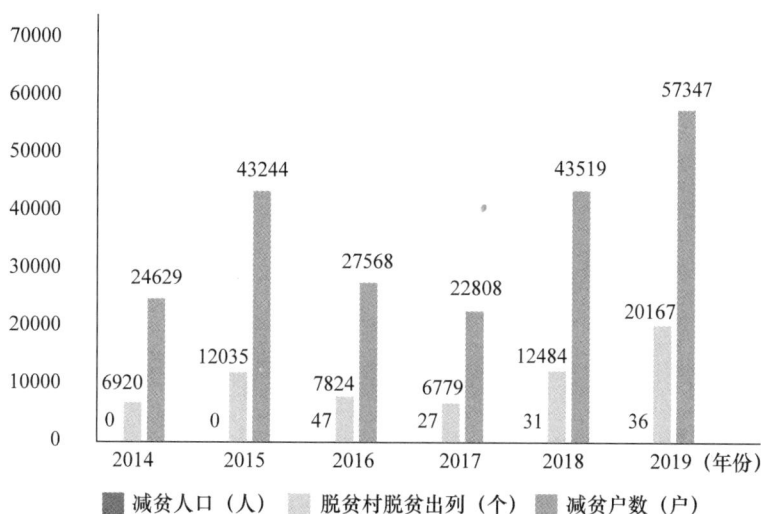

图 4 - 1　利川市减贫、脱贫基本情况

资料来源：利川市扶贫办。

从图 4 - 1 可以看出，利川市减贫、脱贫稳步推
进。具体情况为：2014 年，减贫 6920 户、24629 人；
2015 年，减贫 12035 户、43244 人；2016 年，减贫
7824 户、27568 人，贫困村脱贫出列 47 个；2017 年，
减贫 6779 户、22808 人，贫困村脱贫出列 27 个；2018
年，减贫 12484 户、43519 人，贫困村脱贫出列 31 个；
2019 年，减贫 20167 户、57347 人，贫困村脱贫出列

36 个。2014—2019 年，利川市累计减贫 219115 人，141 个贫困村全部出列，贫困发生率从 2013 年年底的 27.4% 下降至 2019 年年底的 0.25%。2020 年 4 月，利川市经湖北省人民政府公告公示退出贫困县序列，圆满实现整市脱贫摘帽。自此，该市脱贫攻坚目标顺利完成。

（二）贫困群众收入水平大幅提高

在推进脱贫攻坚实践中，利川市坚持开发式扶贫方针，大力实施产业扶贫和就业扶贫，引导和支持所有有劳动能力的贫困人口依靠自己的双手创造美好生活。

一方面，利川市将扶贫产业发展作为治贫的根本之策，累计投入产业扶贫发展资金 4.29 亿元，建成茶叶、烟叶、蔬菜、中药材等特色产业面积 161.3 万亩，打造出"利川红""龙船调""小猪拱拱硒土豆""利川莼菜""利川山药""利川黄连"等一批特色品牌，扶贫特色产业覆盖率达到 100%；255 个农业经营主体参与"一乡一业"，154 家民营企业与 141 个重点贫困村结对帮扶，带动 45196 户贫困户发展产业或就业，市场主体带贫率达到 86.6%。

另一方面，利川市将就业扶贫作为稳定脱贫的重要举措，2016—2019 年全市共落实就业扶贫资金 8476 万元，开展就业扶贫专项培训 9.6 万人次，累计带动 20.4 万农村劳动力转移就业创业，建档立卡户农村贫困劳动力实现就业 6.45 万人。

截至 2019 年，该市建档立卡贫困人口中，89.6% 以上主要靠务工就业和发展产业脱贫，并得到了产业扶贫和就业扶贫支持，自主脱贫能力稳步提高。到 2019 年年底，全市农村常住居民人均可支配收入由 2013 年年底的 6299 元增加到 2019 年年底的 11533 元，年均增长 10.6%。

（三）贫困群众生产生活条件明显改善

利川市按照"精准脱贫、不落一人"的总要求，严格对标"两不愁三保障"标准，不断加大扶贫资金投入，扎实推进"五个一批"帮扶政策措施落实，困扰群众的行路难、吃水难、用电难、通信难、上学难、就医难、住危房等问题在大部分地区得到较好解决，贫困地区基础设施、公共服务得到了显著改善，贫困群众的生产生活条件也得到了明显改善。

1. 住房安全得到有效保障

利川市累计投入易迁帮扶资金 18.9 亿元，建成集中安置点 236 个，搬迁贫困对象 11433 户 36175 人。在易迁集中安置点发展香菇、茶叶、烟叶等产业，实施民宿旅游、光伏扶贫等产业项目，配套建设扶贫就业车间，增加公益性岗位，通过组织实施就业培训等方式支持有劳动能力的易迁对象发展生产、务工就业，确保实现搬迁一户、稳定脱贫一户。2014—2019 年，利川市共计完成危房改造任务 31150 户，实现了全市农村存量危房"清零"和农村住房安全鉴定"全覆盖"。

2. 义务教育得到有效保障

利川市自教育扶贫工作开展以来，贫困地区师生充分受益，义务教育办学条件得到极大改善，师资队伍建设进一步优化提升，贫困家庭学生生活得到了基本保障，义务教育均衡发展已于 2017 年 12 月通过国家评估认定。2014—2019 年，利川市累计投入"全面改薄"等教育工程建设资金 5.16 亿元，用于教育信息化建设、学校基础设施建设；2016—2019 年，从学前教育到普通高中共投入 2.26 亿元资金，实施了 17 个资助项目，累计资助学生 35.57 万人次，实现了义务教育精准资助全覆盖；到 2019 年年底，适龄儿童少年入学率达到 100%，无 1 名学生因贫失学。同时，2015—2019 年，该市共招聘农村义务教育教师 881 人，优先满足农村义务教育学校，特别是农村边远乡镇、边远教学点，不断充实贫困地区教师队伍力量，切实帮扶了贫困群众家庭和贫困家庭学生。

3. 基本医疗得到有效保障

利川市认真执行湖北省农村贫困人口基本医疗保障有关政策，积极筹措资金，将农村贫困人口全部纳入基本医保并对个人缴费部分实行补贴，严格落实"先诊疗后付费"制度和"一站式"即时结算，建立基本医保、大病保险、医疗救助、补充医疗保险"四位一体"健康扶贫工作推进机制，落实贫困人口特殊慢性病医疗保障，落实家庭医生签约服务和健康体检政策，确保农村贫困人口基本医疗有保障。利川市持续强化医疗卫生事业发展，发展县级公立医疗机构 3 家，批复建立民营医院 8 家；14 个乡镇卫生院（社区卫生服务中心）全部完成标准化建设；建成村级卫生室 556 所，达到全市行政村卫生室全覆盖，农村医疗条件大幅提升。

4. 基础设施和基本公共服务设施明显改善

利川市坚持着眼当前、谋划长远，实施农村基础设施和基本公共服务设施提升工程，建立脱贫攻坚项目库，谋划扶贫项目 3625 个。2014—2019 年，利川市累计投入农村饮水安全项目建设资金 5.82 亿元，采取集中建设水池管网、分散打造水窖、安装 PE 桶等多种方式，累计解决 26.01 万农村居民的饮水安全问题，农村人口饮水安全问题全部得到解决；投资 21.87 亿元，完成硬化路建设 4120 千米、砂石路 3623 千米，实施农村公路防护工程 2638 千米，危桥改造 36 座，新建桥梁 1239 米，全市农村公路通车总里程达到 7247 千米，开通农村客运线路 143 条，农村客运车辆 692 台 10478 座，全市所有行政村实现村村通水泥路、通客车，出行、运输条件大幅度改善；投入资金 9.26 亿元，实施配电网建设改造工程 21 个批次项目 3383 个子项目，农村低电压问题全部解决，农村电网供电可靠率达 99.73%，583 个村（社区）实现了通生产动力电全覆盖，农村生产、生活用电得到全面保障。截至 2019 年年底，全市 4G 基站建设累计达 2962 个，实现 4G 信号全域覆盖，4553 个自然村开通光纤宽带。建成 14 个乡镇（办事处）综合文化服务中心，村（社区）综合文化服务中心 575 个，已建或在建百姓舞台 300 个，村级文艺健身队伍 2000 余支，聘任村级文化管理员 584 名。

5. 社会保障水平显著提升

利川市积极推进农村低保制度与扶贫开发政策有效衔接，实现建档立卡贫困户信息与部门信息资源的互通共享，确保"应保尽保、应兜尽兜、动态管理"。截至2019年年底，全市纳入兜底保障对象3.8万户6.8万人，月保障资金2883万元，确保兜底保障不落一人。全面落实残疾人保障政策，做好残疾人康复服务工作，开展残疾人实用技术培训和残疾人教育工作，扶持残疾人自主创业。2019年，该市在全州率先组织开展4轮疑似残疾人摸底工作，逐步推进残疾人评残办证工作。截至2019年年底，全市贫困残疾人实现脱贫23186人，减贫率达到98.5%，残疾人的获得感、幸福感和安全感持续增强。此外，利川市建立了农村"三留守"人员及困境儿童关爱保护联席会议制度，健全了农村留守儿童、留守妇女、留守老人"三留守"人员关爱服务和定期探访制度，实现关爱服务全覆盖。

6. 生态扶贫实现"双受益"

利川市加大生态环境保护建设和生态补偿力度，探索实现生态环境与贫困人口"双受益"的扶贫模式。全市森林总量不断增加，生态环境明显改善，达到国家二级空气质量标准。2019年，利川市空气质量综合指数为2.56，在湖北省排名第三。该市大力实施生态补偿扶贫，促进生态补偿保障群众增收。2015—2019年，全市退耕还林项目涉及14个乡镇391个村

88752 户，累计发放补助资金 4.79 亿元，其中受益贫困户 2.62 万户；生态公益林涉及 14 个乡镇 314 个村 67708 户，累计实施生态公益林补偿 187.93 万亩，发放补偿资金 1.27 亿元，其中受益贫困户 2.25 万户；2016—2019 年，累计选聘 3970 人次建档立卡贫困人口为生态护林员，发放管护承包费 1588 万元。

（四）经济社会发展明显加快

利川市坚持以脱贫攻坚统揽经济社会发展全局，通过 5 年集中攻坚，在扶贫特色产业发展、农村电商扶贫、光伏扶贫、全域旅游发展等方面都取得了非常显著的成效，全市经济活力和发展后劲明显增强，呈现出新的发展局面。通过生态扶贫、易地扶贫搬迁、退耕还林还草等，生态环境明显改善，贫困户就业增收渠道明显增多，基本公共服务日益完善。坚持把脱贫攻坚与乡村振兴统筹谋划，推动项目规划、资金使用、产业发展等方面有效衔接，不断夯实乡村发展基础，有效补齐了乡村建设短板，实现产业基础夯实、农村人口回流、基层组织健全、人居环境改善、基层治理完善、公共服务和基础设施稳固提升，积累了丰富的农业、农村工作经验和做法，健全了农业农村发展的体制机制，发挥了农民的主体作用。通过"中青班"人才工程、"利川人"大会招引人才、利川与萧山的人才互访、东西部劳务协作等多种方式聚合人才和才智，逐渐汇集人才振兴的内生力量，全市经济社会发展基础逐渐得到夯实巩固。

（五）贫困治理能力显获提升

第一，利川市坚持以抓党建促脱贫攻坚，农村基层组织得到加强，基层干部通过开展贫困识别、精准帮扶，本领明显提高，巩固了党在农村的执政基础。将建强基层党组织作为扶贫政策有效落实的重要手段，共整顿软弱涣散村（社区）党组织49个，解决了2018年年底留存的194个集体经济"空壳村"问题；实施"双强"书记培育工程，构建选、育、管、用科学体系，探索建立"五有""九零"目标奖励办法，2015—2019年累计兑现2753.4万元奖补资金，激励村干部担当作为，夯实脱贫攻坚的基层战斗堡垒。

第二，实施"聚力脱贫·引凤归巢"行动。2018—2019年，从利川籍中专（含高中）及以上优秀毕业生中共招聘165名优秀青年，直接作为村级后备干部培养，为决战脱贫攻坚提供人才保障和智力支持。

第三，实行"党校+高校+农校（驻扶贫村）"中青班培训模式，建立完善年轻后备干部和"狮子型"后备干部库，在扶贫一线锻炼干部、提拔干部，坚持把脱贫攻坚一线作为培养锻炼选拔干部的主阵地，积极探索培养选拔优秀年轻干部方式，2015—2019年，利川市举办三届优秀中青年干部培训班（以下简称"中青班"），创新"党校＋高校＋农校（驻扶贫村）"三校融合培养模式，让全体中青班学员在党校学理论、在高校学知识、在农校去实践，对中青班学员进行全面历练，打造了一支信念过硬、政治过硬、责任过硬、能力过硬、作风过硬的党员干部队伍。将中青班学员派驻脱贫一线锻炼成长，担任驻村第一书记，让中青班学员在脱贫攻坚、农村建设、乡村治理一线实践锻炼，提升全面落实、主动作为、治理服务的能力和水平，全面提高中青年干部综合素质和解决实际问题的能力，储备党政后备干部人才。截至2019年年底，利川市共有60名中青班学员、206名优秀干部，到贫困村担任第一书记。每年有4800多名干部担任"尖刀班"成员，进村开展驻村帮扶；共有15952名党员干部与贫困户结对帮扶，实现"沉下去、贴着帮"。

正是通过持续努力与不断探索，各级党员干部积累了丰富的贫困治理经验，能力显获提升，为未来防止返贫、巩固脱贫成果打下了坚实的基础。

五 利川市精准扶贫的 经验与启示

利川市的精准扶贫发展道路，是基于中国自上而下的扶贫开发总体战略的践行，是基于政策引领与市情实践的持续探索，是基于各级领导与广大人民的不懈努力。利川市在践行精准扶贫发展道路的经验值得关注，同时也要深入思考后 2020 年巩固脱贫成效的路径。

（一）精准扶贫的利川经验

1. 坚持党的领导，为高质量打赢脱贫攻坚战提供强有力的组织保障

消除贫困、改善民生、实现共同富裕，是中国共产党的重要使命。习近平总书记饱含为民情怀，在他撰写的《摆脱贫困》一书中曾指出："'关心、济助'

每个需要关心济助的人，是我们的责任，也是我们的义务。"① 习近平总书记将"让人民群众过上好日子"视为中国共产党对人民、对历史做出的庄严承诺，形成了以精准扶贫为核心的扶贫思想体系。习近平总书记的扶贫思想体现了以人民为中心的中国共产党执政的根本价值取向。基于此，中央政府明确将扶贫作为各级政府的重要工作任务，实行扶贫工作党政"一把手"负责制，把贫困地区作为锻炼培养干部的重要基地，把脱贫攻坚实绩作为选拔任用干部的重要依据，体现了中国共产党治国理政的政治智慧。利川市健全了一系列年度目标考核机制和干部激励机制，通过逐步完善考核机制来强化精准扶贫政策实施的效果，突出精准扶贫目标考核"指挥棒"作用，真正实现了精准扶贫的终极目标，有效促进了责任落实、政策落实、工作落实。积极探索"中青班"模式，对表现突出的年轻干部优先选拔任用，建立了科学的"五有""九零"村干部绩效考评体系，进一步激发了他们干事创业的热情，营造了干部想干事、敢干事的竞进有为局面。

利川市坚持建强支部示范引领、不断筑牢攻坚战

---

① 习近平：《把心贴近人民——谈新形势下领导的信访工作》，载习近平《摆脱贫困》，海峡出版发行集团、福建人民出版社1992年版，第60页。

斗堡垒，把党旗插在精准扶贫、精准脱贫的前沿阵地，把党建优势转化为脱贫攻坚优势，把党建活力转化为乡村振兴动力。市委书记沙玉山始终坚持把选优配强村党支部书记作为巩固一线根基、加强一线工作、攻克一线堡垒的强硬手段，把建好建强基层党组织作为打好村级脱贫攻坚战的重要抓手，鼓励全市党员干部以务实的作战作风挺起脊梁干、扑下身子干、两袖清风干、万众一心干，增强基层党组织的核心领导力，发挥党员先锋模范作用。利川市走出了一条基层党建与精准扶贫融合发展之路，为脱贫攻坚提供了坚强的政治保证。

2. 压实脱贫攻坚责任，确保政策举措落到实处

利川市按照中央、省、州政府有关脱贫攻坚责任制实施办法的精神，始终聚焦压紧压实领导主体责任、部门履职责任、干部帮扶责任，在强化责任上狠下功夫，尽锐出战，加压奋进。领导带头是关键，利川市坚持发挥领导以上率下的示范作用，由市"四大家"领导分别担任所联系乡镇前线指挥部政委或指挥长，从严压实市领导责任，推动市领导履职尽责，不断增强脱贫攻坚的责任感和使命感。部门协作是关键，该市针对行业扶贫，创新"重点调度"与"专题调度"相结合的调度机制，形成职责清晰、条块结合的部门

责任体系，最大限度地发挥行业扶贫部门的牵头责任，进一步压紧行业部门责任，倒逼脱贫攻坚责任落实上肩，推动行业扶贫各项工作有效落实。干部帮扶是关键，一线工作必须靠一线干部来完成，该市实施驻村工作队队员"召回"机制，实行负面清单管理，全面压实村级"尖刀班"工作职责，有效指导村级脱贫攻坚工作有序开展。所有结对帮扶干部严格按照工作到户、责任到人的要求落实帮扶工作，确保结对帮扶贫困户"两不愁三保障"突出问题得到全面解决。

利川市按照中央、省、州有关脱贫攻坚责任制实施办法的精神，按照"五组书记抓扶贫"的要求，形成"五组书记抓扶贫"、全党动员促攻坚、层层履职、各负其责的局面。利川市脱贫攻坚指挥部向一线阵地下达作战指令。军令状下，党员干部奔赴脱贫攻坚主战场，驻村工作队和村干部一道组成的 577 个村级"尖刀班"队员扎根扶贫村，吃住在村、工作在村、岗位在村；"引凤归巢"的"双强"书记、中青班学员、助力发展的"候鸟型"人才、大学生、退伍军人、能人志士等各类人才，纷纷以实际行动投身该市脱贫攻坚大决战之中。

3. 强化扶贫领域作风建设，确保扶贫实效

利川市把扶贫领域作风建设摆在首要位置，出台

具体实操性负面清单，倡导扎实的工作作风，即脱贫攻坚工作要实打实干，一切工作都要落实到为贫困群众解决实际问题上，切实防止形式主义，不能搞花拳绣腿，不能搞繁文缛节，不能做表面文章，以作风建设成果力促脱贫攻坚任务落实。利川市深入落实扶贫领域作风建设"十不准"规定，大力整治形式主义、官僚主义，成立市脱贫攻坚督战队，围绕重点工作、问题整改开展常态化督战，及时发现问题、交办问题、跟踪督战问题整改，把各类问题整改与扶贫领域监督执纪问责专项行动、扶贫领域不正之风和腐败问题专项整治相结合，抓常抓细抓长，完善作风建设长效机制，抓牢抓实干部作风建设，确保各类问题整改落实到位。利川市出台了《利川市脱贫攻坚重点工作问责处置办法》，对扶贫领域作风问题处置从重从快追责问责，凡是在扶贫领域搞形式主义、官僚主义、弄虚作假的，发现一起，问责一起，并建立"末位发言"倒逼机制，每周重点工作在全市脱贫攻坚指挥部调度会上通报，一周排名末位的乡镇党委书记在会上表态发言，倒逼脱贫攻坚责任落实上肩、重点任务落地见效。

4. 加大扶贫资金投入支持力度，发挥好政府投入的主体和主导作用

扶贫资金主要源于中央财政扶贫资金和地方财政

扶贫资金。前者包括：扶贫发展资金、农业生产发展资金、农村综合改革转移支付、少数民族发展资金、林业改革发展资金、国有贫困林场扶贫资金、以工代赈示范工程中央基建投资、农田建设补助资金、产粮大县奖励资金、农村环境整治资金、水生态治理中小河流域资金、农村安全饮水巩固提升资金、农村危房改造补助资金、服务业发展专项资金（中央支持新农村现代流通服务网络工程部分）等，后者包括：省级财政专项扶贫资金、省级扶贫发展资金、省级农业发展资金、省级农村综合改革转移支付、省级林业改革发展资金、省级交通转移支付资金、省级小型水利设施维修管护资金、省级农村安全饮水巩固提升资金、州级财政扶贫资金、州直单位驻村帮扶资金、本级（利川市）投入、车辆购置税收入补助一般公路建设（农村公路）等。2014—2019年，利川市累计投入财政扶贫资金124.6亿元实施精准扶贫，其中统筹整合财政资金63.6亿元，易地搬迁资金16.4亿元，教育、低保等民生资金41.4亿元，对口协作帮扶资金3.2亿元，全力保障打赢打好脱贫攻坚战。

以2019年为例，利川市统筹整合财政专项扶贫资金64235.09万元（其中中央20121万元，省级7955万元，州级5618.09万元，本级30541万元），统筹用于精准扶贫项目建设 62252.74 万元（中央 20121 万元，省级 7915 万元，州级 4896.09 万元，本级 29320.65 万元），用于扶贫政策落实 1982.35 万元（省级 40 万元，州级 722 万元，本级 1220.35 万元）。2019 年年底，全市财政专项扶贫资金拨付率达 95.12%，这些资金被投入到种植养殖业、交通基础设施、农田水利、饮水安全、危房改造、村庄环境整治等扶贫领域，确保了扶贫计划从蓝图到真真切切的落实。

5. 坚持思想先行，扶贫先扶志，治贫先治愚，提振贫困人口脱贫信心

人民群众是脱贫攻坚的力量源泉。贫困群众既是扶贫攻坚的对象，更是扶贫致富的主体。对于贫困群体来说，脱贫致富贵在立志，只要有志气、有信心，就没有迈不过去的坎。在扶贫开发过程中，扶贫先扶志，坚持贫困群众的主体地位，调动他们脱贫的主动性、积极性和创造性，实行参与式扶贫，依靠他们自己的努力改变贫困命运。"扶贫先扶志，扶贫必扶智"。这是利川脱贫攻坚的实践密码。

的确，脱贫致富贵在立志，心贫比任何致贫原因都可怕。在打赢脱贫攻坚的战役中，帮扶单位和个人固然能起到很重要的作用，但被帮扶对象自己才是起

决定性作用的人。只有他们自己的思想转变了，具备要脱贫、敢脱贫、真脱贫的决心和意志，才能够消除贫困、走上致富之路。脱贫致富不仅要富口袋，更要富脑袋。利川市采取多种举措，激发贫困群众的积极性和主动性，激励和引导他们由"要我脱贫"转变为"我要脱贫"，靠勤劳实现脱贫致富。强化扶贫宣传教育，通过驻村帮扶干部耐心、细心、贴心的思想工作、实实在在的扶贫行动，以及采取文艺演出、榜样评选[①]、广场舞比赛等多种形式宣传富民政策，让贫困群众的心"热"起来。通过讲好扶贫故事，营造脱贫攻坚舆论氛围，提振贫困群众的精神风貌，从思想上激发他们改变贫困面貌的干劲和决心，引导他们树立主体意识，发扬自力更生的作风，坚信"幸福生活是靠奋斗出来的"。强化典型示范带动，让贫困群众的眼"红"起来。通过对榜样评选进行表彰、奖励的方式，用身边人身边事来激发和号召贫困群众积极主动参与扶贫事业，培养争先意识，营造脱贫光荣的氛围，从思路上引导脱贫，提升了村民脱贫致富的积极性。文斗乡大杉树村村民米仁学由衷感言："现在政策好，但是人不能等着救济，人要勤快，不能有依赖思想。"

---

① 利川各乡镇积极组织评选"脱贫示范户""文明农户"等典型，激励贫困户生发"我要脱贫"的内生动力，并引导市场主体参与脱贫攻坚，积极营造扶危济困的浓厚氛围。

"宁愿累死，也不愿睡死。"① 此外，在扶贫过程中，利川市注重强化技能培训提升，让贫困群众能"动"起来。坚持群众主体，抓住东西部扶贫协作机遇，培养贫困群众发展生产和务工经商技能，让贫困群众学有所长、学有所用，从能力上支撑脱贫。

6. 因地制宜兴产业，形成产业发展与贫困户的利益联结机制

"要脱贫也要致富，产业扶贫至关重要。"的确，与救济式扶贫相比，开发式扶贫、让贫困人口具有自我脱贫能力更为重要。收入不足直接导致贫困人口生活的低质量，而发展产业既是带动贫困人口就业、促进增收、实现自立最直接、最有效的路径，更是实现"两不愁三保障"目标有力且可靠的支撑。产业是经济发展的根基，也是贫困人口脱贫的主要依托，更是实施"五个一批"工程的核心。

为此，利川市根据资源禀赋，着眼市场需要，以产业兴市为战略目标，全面夯实产业发展基础，抓牢产业扶贫这一核心，因地制宜兴产业，按照"一乡一业、一村一品、一户一策"的产业扶贫路径，建立

---

① 陈铁健：《文斗一村民立志：宁愿累死，不愿睡死》，2018 年 11 月 19 日，利川市人民政府网，http：//www.lichuan.gov.cn/2018/1119/851344.shtml。

"政府+市场主体+农户+基地+银行+保险"的"六位一体"产业扶贫推进机制，培育民宿旅游产业等新生态，做大做强特色产业品牌，增强了贫困户、贫困村的内生发展活力和动力。该市建立了"产业发展优先考虑贫困户、务工就业优先使用贫困劳力、服务运营优先雇用贫困群众、产品开发优先照顾贫困户"的利益联结机制，使企业的利益与贫困户的收益紧密牢固地联系在一起，最大限度地带动贫困户稳定增收，实现"资金跟着穷人走，穷人跟着能人走，能人跟着产业走，产业跟着市场走"。目前，利川市打造"利川红""小猪拱拱硒土豆""利川山药"知名品牌的硒食品加工产业集群，腾龙洞、苏马荡、龙船水乡、鱼木寨等生态文化旅游产业集群，以黄连为主的生物医药产业集群，以开发风电、水电、生物质发电为主的清洁能源产业集群等，围绕脱贫产业，密切利益联结，将企业与贫困户结成命运共同体，使贫困户有业可从、有企可带、有利可获。

7. 发展壮大村级集体经济，夯实贫困村脱贫基础

发展壮大村级集体经济，能够有力支撑基层各项工作的顺利开展，使村民共享集体经济发展成果，产生更多获得感、幸福感、安全感。利川市各村结合不同区位、资源优势和群众意愿，扬长避短，重点围绕农

产品生产加工、工程劳务、民族文化、生态观光、旅游开发等建立了不同业态的村集体企业。村级集体经济实行集体资产出资，充分保障村集体和集体经济组织成员的整体利益。与此同时，市政府统筹整合财政涉农资金，设立村级集体经济发展专项基金和项目，优先列入规划，在项目上给予倾斜，在金融贷款上给予优惠。通过"村集体公司+合作社+基地+贫困户"模式，利川市各乡村引进市场主体，形成规模化发展，提升产业效益，壮大村级集体经济，为脱贫攻坚和乡村振兴提供强有力支撑。在南坪乡南坪村，依托丰富的土地资源，流转土地，引进 7 个市场主体，2018 年村集体经济收入 11 万余元，2019 年收入 16 万余元。①在元堡乡友联村，有"金土源"和"勤隆"两家专业合作社，金土源专业合作社在该村发展马蹄大黄 53 亩，为 16 户贫困户平均每人每月增收 2000 元；勤隆专业合作社为 36 户贫困户发放大黄种苗 5 万个，种植面积 50 亩，户均每年增收 5500 元。全村分散发展大黄、牛夕、贝母、党参、续断、云母香、白树、天麻、黄柏、杜仲等中药材 3000 余亩，每年增收 1500 万元以上。这两家专业合作社每年可为村集体增收 20 万元。② 集体经

---

① 《南坪：盘活土地资源助力乡村振兴》，2020 年 4 月 27 日，利川政府网，http://www.lichuan.gov.cn/2020/0427/974735.shtml。
② 董玉明：《麻山醉了》，2018 年 12 月 12 日，利川市人民政府网，http://www.lichuan.gov.cn/2018/1212/851239.shtml。

济有收入，产业兴旺村民富，由此夯实了脱贫攻坚的
物质基础。

8. 凝心聚力，构筑"三位一体"全社会合力扶贫大格局

欲啃下脱贫攻坚这块"硬骨头"，需要政府、企业
和其他社会力量形成强大合力，恰如"乘众人之智，
则无不任也；用众人之力，则无不胜也"。杭州萧山区
与利川市结对帮扶，萧山区围绕"利川所需、萧山所
能"的原则，坚持"民生为本、产业为重、人才为
要"的方针，倾力帮扶出实招，推进东西部扶贫协作，
包括：提供东西部扶贫协作帮扶资金，建设以特色产
业为主的扶贫项目，包括产业道路、扶贫车间、厂房
设备等；为利川贫困人口提供技能培训、务工就业岗
位等；选派医疗专家到利川，开展大病集中救治、临
床带教、重点专科建设和信息化建设等帮扶工作；选
派优秀教育工作者到利川开展短期送教活动，并对利
川市的校长和骨干教师开展培训；开展萧山区与利川
市领导互访、互派干部挂职、乡镇与乡镇结对、村
（社区）与村（社区）结对等交流活动，全力推进双
方"携手奔小康"。2017—2019 年萧山区财政累计给
予利川市帮扶项目 72 个、投入资金 7920 万元，萧山
各类组织及人员捐赠资金 2091 万元，支持农村社会事

业发展和公益设施建设，两地农产品产销对接已达5000多万元，双方挂职交流、培训学习各类专业技术人才达1200人次。

利川市持续深化定点扶贫工作，积极协调服务中国国新控股集团定点扶贫、省直"616"部门和黄石市对口支援等帮扶工作，其中争取中国国新控股集团、湖北省环保厅等18家单位定点帮扶资金1.72亿元，落实黄石市对口援建资金4766万元。此外，按照恩施州脱贫攻坚指挥部部署，亦安排州直相关单位的驻村干部对口帮扶利川贫困村。例如，野猪坪村曾经是因道路难行、野猪成群而闻名的深度贫困村。其对口帮扶单位湖北七姊妹山管理局驻村"尖刀班"9名成员到达后，迅速入户走访，了解村情民意，找准问题症结。2019年进村帮扶，到2019年10月就完成了硬化道路2.1千米，铺设自来水主管网6000米，新增3台变压器……这是定点帮扶单位拿出的亮丽的成绩单。①

利川市人大组织人大代表聚力脱贫攻坚，市政协实施"三大工程"引领政协委员参与精准扶贫，群团组织积极动员社会力量参建。利川市深入开展"百企帮百村、脱贫奔小康"行动，将非公经济体的资金、

---

① 《一个深度贫困村的蝶变——湖北七姊妹山管理局倾情帮扶利川市野猪坪村》，2020年1月18日，云上恩施网，https：//www.estv.com.cn/html/www/pc/sh/20200118/1899631.html。

技术、人才、市场等优势与贫困村特色资源、土地、劳动力、生态等有机结合，采取"一帮一""多帮一""一帮多"等形式，对利川市141个建档立卡贫困村进行结对帮扶，促进贫困群众创业就业、脱贫致富。截至2019年年底，利川市组织了210家民营企业与141个重点贫困村开展结对共建，累计投入帮扶资金及物资1.88亿元，开展技术培训2500人次，创业岗位2754个。由此，整合各方资源，鼓励社会参与，整体联动，形成了专项扶贫、行业扶贫、社会扶贫"三位一体"的大扶贫格局，形成了脱贫攻坚的强大合力。

（二）巩固脱贫成果面临的挑战

经过多年的不懈努力，利川市的精准扶贫取得了显著成效，展望未来，仍面临诸多难题。

1. 巩固提升脱贫成果有压力

利川市属于集老少边穷于一体的山区县级市，"两不愁三保障"方面本身存在薄弱环节，各项基础条件较为落后，脱贫攻坚任务繁重、压力巨大，在巩固脱贫成果、提升脱贫质量方面有一定的难度。受新冠疫情影响，鉴于各方面的原因，增大了在后续巩固提升、谨防"悬崖效应"① 方面的压力，需要有针对性地采取分类巩固脱贫成果的措施和手段，确保无一返贫。而这些措施的落实又与疾病灾害、群众素质、产业就业、后续管护、长效机制等因素息息相关，需要纳入乡村振兴框架内提前谋划。

例如，突发因素是贫困人口返贫的高风险。在2020年年初新冠肺炎疫情冲击下，利川市虽不属于武汉、黄冈等重灾区，但包括恩施州在内的整个湖北省是全国防控的重中之重，此次新冠肺炎疫情不可避免会对利川市的脱贫进程产生影响。这主要体现为：一是外出务工受阻。长期以来，贫困劳动力外出务工是增加贫困家庭收入水平的重要手段，全市每年外出务工劳动力超过18万人，贫困劳动力约有6.5万人。这次新冠肺炎疫情发生后，劳动力外出时间平均延缓了近3个月，截至2020年4月底，贫困劳动力还有1.1万多人无法外出，或者外出没找到务工岗位又返回利川。二是扶贫产品销售困难。由于在抗疫特殊时期，物流受阻，诸如蔬菜、草莓以及鱼、虾等生鲜农产品，管护不到位和销售不及时，直接影响农户收入。另则，如今虽已复产复工复市，但因人员流动减少，农副产

---

① "悬崖效应"是指如果贫困户和非贫困户享受的待遇差距太大。如果不严格执行脱贫标准，随意拔高标准或者突破标准，造成"悬崖效应"，形成新的社会不公，就会出现许多贫困户不愿脱贫，非贫困户满意度降低，加大脱贫攻坚的难度和财政负担。

品销售的数量和价格明显减少。三是旅游业恢复较慢。利川是旅游大市，受疫情影响，"五一"期间游客量大幅度降低，特别是民宿旅游，较以往年度减少50%以上。因此，贫困人口在面临各类风险威胁时，具有很突出的脆弱性。

2. 产业培育有难度

利川市在产业发展助推精准扶贫方面取得了一定成效，全市已初具"一村一品""一乡一业"产业雏形，呈现出了扶贫产业遍地开花的良好态势。但从长远来看，仍然存在诸多发展瓶颈，一是产业大而不强、多而不优、长短结合不够，除部分乡镇特色产业有一定规模外，还有不少地方支撑贫困村民增收的乡村特色产业和主导产业尚未形成，农业产业链条延伸缺乏深度。二是市场主体与贫困户虽已建立利益联结机制，但其紧密性仍急需提高，市场主体发育不够、竞争力不强，抵御市场风险的能力较弱，未真正做大做强，发挥带动和辐射的作用有限，产业带贫减贫的成效还有待进一步提升。也就是说，如何破解由于产业可持续发展带动贫困人口、确保贫困人口收入水平提升问题，仍需持续探索。

3. 思想贫困难消除

贫困问题不仅是经济问题，更是文化问题、心理问题。思想贫困是脱贫攻坚最大的敌人。鉴此，利川市已采取扶贫同扶智、扶志相结合多种有效措施，大大激发了贫困群众的内生动力，但一些贫困人口仍存在精神贫困现象。其主要表现在：一是在"等要靠"心态影响下，一些贫困家庭和贫困者好吃懒做，用消极就业来获得政府稳定的贫困救助。这种"坐等扶贫"现象易导致福利叠加效应，使部分贫困人口形成福利依赖，增大了政府的财政支出压力。二是基于攀比心理，不满意、不认可精准扶贫取得的显著成效，总觉得扶贫工作实际与其自我期望值有或多或少的差距，造成涉贫信访、扶贫领域矛盾纠纷等问题，影响脱贫攻坚质量。三是由于高山地区群众生产生活习惯等因素，农村人居环境整治距离"扫干净、摆整齐、穿整洁"的目标仍有差距，还需要较长时间进行规范引导、潜移默化，这也是脱贫攻坚后续巩固提升与乡村振兴有效衔接过程中的一项巨大挑战。因此，要实现扶贫对象从"等、靠、要"到"比、赶、超"的理念飞跃，必须从认知方式、思维方式等多方面入手，治理思想贫困，促其重塑观念，从根本上解决思想观念滞后问题。

（三）巩固提升扶贫脱贫成果的应对之策

利川市虽已如期完成脱贫攻坚任务，但保障和改善民生没有终点。在脱贫攻坚由非常态"攻坚战"进入常态"持久战"之时，需持续探索"后 2020 年升级版"的可持续减贫之路。

1. 持续巩固脱贫攻坚成果

第一，对已脱贫出列贫困村开展"回头看"，对精准扶贫工作进行"全面体检"。"回头看"主要内容是：看不愁吃、看不愁穿、看义务教育有保障、看基本医疗有保障、看住房安全有保障、看饮水安全有保障、看社会保障兜底、看残疾人两补、看产业就业、看其他政策落实情况。具体而言，"到户十看"包括主要看"两不愁三保障"的落实情况，逐户核查是否有"一长两短"（一个长效产业、两个短效产业）产业，是否有安全饮水，是否是安全住房（含易地扶贫搬迁房），是否有四季换洗衣被，是否开展人居环境整治，是否享受了健康、教育、社会保障、生态、残疾人帮扶等政策及具体是什么标准，是否参与就业等。逐村逐户逐人逐项落实各项政策措施，确保脱贫成效经得起历史、实践和人民的检验。

第二，着力补齐"三保障"短板弱项。强化做好义务教育控辍保学工作，做好"双线控辍保学"① 措

---

① 双线控辍保学，即政府控辍保学一条线，教育系统控辍保学一条线。

施，确保义务教育适龄儿童少年入学率达100%。认真执行"四位一体"医疗保障政策①，确保贫困人口全部参加基本医疗保险，实现贫困人口大病保险、补充保险、医疗救助全覆盖。强化落实易迁后续扶持政策，完善配套设施和产业就业，确保易迁户实现稳定脱贫致富。强化危房改造力度，建立农村危房监管台账，对因灾、因自然老化等造成的新增危房对象，发现一户、改造一户，确保"人不住危房、危房不住人"。健全完善农村供水工程运行管护机制，确保农村供水保证率和水质达标率达100%。

2. 建立解决相对贫困的长效机制，持续提升脱贫质效

第一，制定可行的脱贫攻坚巩固提升实施方案。当前，脱贫攻坚已取得决定性成就，现行标准下农村贫困人口绝大多数实现脱贫。但由于多方面原因，一些脱贫人口存在返贫风险，一些边缘人口存在致贫风险，必须把防止返贫摆到更加重要的位置。要加快构建稳定脱贫长效机制，既立足当前、切实解决突出问题，更着眼长远、创新稳定脱贫的机制。把防止返贫

---

① "四位一体"医疗保障政策，即"城乡居民基本医疗保险＋大病保险＋医疗救助＋补充医疗保险（兜底保障资金）"的健康扶贫保障机制。

作为当前及今后一个时期扶贫工作的重要任务，围绕"两不愁三保障"主要指标，统筹政府、市场和社会资源，坚持事前预防与事后帮扶相结合，建立防止返贫监测和帮扶机制，坚持开发式帮扶与保障性措施相结合，因人因户精准施策，防止脱贫人口返贫、边缘人口致贫。完善政策保障机制，保持政策延续性和稳定性，现行的到村到户到人的产业扶贫、健康扶贫、教育扶贫、技能培训、兜底保障、生态扶贫、金融扶贫等相关政策，以及支持脱贫攻坚的区域政策，延续到 2020 年后，待全国扶贫开发新十年纲要出台时，与新的政策无缝衔接。完善扶贫资产管理机制，进一步明确扶贫资产所有权、经营权、收益权、监督权、处置权，保障扶贫资产稳健运营、滚动发展、持续惠贫。

第二，严格落实"四个不摘"要求，继续提升脱贫质量。"四个不摘"即摘帽不摘责任、摘帽不摘政策、摘帽不摘帮扶、摘帽不摘监管。坚持摘帽不摘责任，持续压实压紧市乡村脱贫攻坚主体责任，确保工作力度不减，以高质量的脱贫成效为未来脱贫"持久战"打下良好的基础。坚持摘帽不摘政策，对标建成全面小康和实施乡村振兴战略，保持现行扶贫政策的延续性和稳定性。坚持摘帽不摘帮扶，在脱贫攻坚期内，驻村工作队不撤、驻村保障不变，继续实行党员干部结对帮扶制度。坚持摘帽不摘监管，保持工作标准不变、力度不减，加强返贫动态监测，对返贫人口和新发现贫困人口及时落实帮扶措施。

第三，进行系统的精准扶贫经验总结与反思，为常态化的扶贫脱贫提升智力支撑。以往的扶贫做法有不少合理的内核，如特色产业扶贫、东西部扶贫协作等等经实践检验十分有效，可成为未来解决相对贫困长效机制的内容之一。当然，应对相对贫困的机制与消除绝对贫困的机制不尽相同，需要适当承继与不断创新，根据相对贫困的新特点、新情势，实现体制和机制创新。

3. 着力实施"到户提升"工程

第一，自我脱贫能力提升。要始终坚持扶贫与扶志扶智相结合，充分发挥村级"尖刀班"的引领作用，用心用情做好传、帮、带群众工作，帮助贫困群众转变思想观念，教育引导贫困户彻底转变"等靠要"思想，加快补齐"精神短板"，切实提升自我发展能力，激发和增强农村活力。借助扶贫协作的机遇，以就近就业、劳务输出、技能培训为重点，打造就业扶贫新平台，为群众拓宽就业渠道，增强自我发展信心，有效提升贫困群众造血功能。

第二，基础设施提升。推进完成《利川市 2018—2020 年脱贫攻坚项目库》建设任务，全面补齐水、电、路、网等基础设施短板，积极争取落实凉雾纳水、团堡黄泥坡、凉雾三渡峡饮水安全项目，夯实发展底盘。持续实施农村电网改造升级，确保农村"生活用电有保障，生产用电不卡口"。加快"四好农村路"建设，推动实施农村公路向自然村和户延伸工程，按照"村村通硬化路、自然村通硬化路"要求，加大对非贫困村道路交通建设的支持力度，确保行政村客车通达率达100%。加快通信网络建设，实现通信信号深度覆盖。按照"谁使用、谁管理、谁受益、谁养护"原则，强化村级项目后续管护举措，达到"村村有人管、处处有人护"。

第三，公共服务提升。实施义务教育薄弱环节改善与能力提升，持续改善义务教育基本办学条件；加强教师队伍建设，继续实施农村教育定向委培，促进城乡学校师资均衡配置。全面加强市乡村三级医疗卫生机构能力建设和医疗卫生人员培养，确保所有村卫生室有合格村医、有基本诊疗设备、有达标阵地。深入推进文化惠民活动，满足人民群众日益增长的精神文化需求。坚持政务服务类事项下放到村，解决群众就近办事"最后一千米"问题，确保群众办事小事不出村、大事不出乡镇。

第四，人居环境提升。全面实施"四个三"重大生态工程①，以农村垃圾处理、污水治理、乡村绿化和

———————————

① "四个三"重大生态工程，即用三年时间，推进"厕所革命"、精准灭荒、乡镇生活污水治理和城乡生活垃圾无害化处理四项重大生态工程。

村容村貌提升为主攻方向，以"六清""两建"① 为工作重点，大力开展人居环境整治，所有农户实现"扫干净、摆整齐、穿整洁、搞清爽"目标。扎实推进以"厕所革命"为重点的"四改"② 力度，强化农村"空心房"整治，通过建沟渠、建湿地等方式重点整治清江及支流污水直排问题，持续改善农村人居环境，加快推进美丽乡村建设。

第五，社会治理提升。发挥村规民约作用，引导群众自我教育、自我管理、自我约束，培育健康文明生活方式。推动扶贫领域信访积案化解，按照可化解、可稳控、依法处置等类型，做好政策解释、思想疏导和困难帮扶等工作，坚持化解、疏导、稳控层层递进，依法化解矛盾纠纷。推动农村安全隐患排查整改，突出安全生产、交通运输、森林防火、农村住房等重点行业领域安全监管，强化问题排查交办，采取有效措施，限时完成隐患整改，确保农村社会安全稳定，持续增强人民群众的获得感、幸福感、安全感。

4. 有效衔接乡村振兴

第一，编制乡村振兴规划。按照中央和省委、州

---

① "六清""两建"，即清垃圾、清塘沟、清污水、清庭院、清广告、清厕所，建立公益设施管理制度、建立村庄环境保洁制度。

② "四改"，即改水、改厨、改圈、改厕。

委乡村振兴要求，立足利川实际，逐项制定产业振兴、人才振兴、文化振兴、生态振兴、组织振兴的标准和规划，形成城乡融合、区域一体、多规合一的乡村振兴规划体系。结合"十四五"规划编制，精心谋划乡村振兴项目库。

第二，夯实基层组织建设。压实各级党组织抓党建促脱贫攻坚主体责任，以提升组织力为重点，充分发挥村级党组织战斗堡垒作用。选优配强村党组织书记，派强用好驻村第一书记，梯次培养村级后备干部。优化党员结构，注重从青年农民、大中专毕业生、退役军人和致富带头人中发展党员。认真落实"三会一课"制度①，结合农村实际开展好"支部主题党日"活动，确保村党组织规范运行。加大村集体经济发展力度，通过多种途径增加村集体经济收入。

第三，做强做优特色品牌，增强产业发展后劲。要深入推进"一乡一业""一村一品""一户一策"产业扶贫政策落实落地，加快打造"一村一品+"模式做强产业、做大蛋糕。结合利川自然资源优势，以茶叶、莼菜、中药材、烟叶、山药、蔬菜等特色扶贫主导产业为重点，培育"绿色、生态、有机、富硒"的农产品特色品牌。持续推广"政府+市场主体+农

---

① "三会一课"制度，即定期召开支部党员大会、支部委员会、党小组会，按时上好党课。

户＋银行＋保险""合作社＋生产项目承包＋贫困户"等产业扶贫模式，强化市场主体带动贫困户参与产业发展。加强对农村新型经营主体项目资金、融资贷款、政策支持、示范评定、用地用电等方面的支持，进一步完善利益联结机制，推广股份合作、订单帮扶、生产托管等产业发展带贫模式，帮助获得订单生产、劳动务工、保低收益等多渠道收入。

第四，强化科技人才支撑。坚持创新驱动与脱贫攻坚相结合，以技术、人才、产业为抓手，着力提升贫困地区经济发展的内生动力。通过"双招双引"①，引进一批科技人才和专家学者，定期开展实用技术指导、科普知识宣讲，参与农业技术研究、新产品开发，鼓励携研究成果、科技项目到利川落地转化、投资创业，补齐科技人才短板。强化本土科技人才培养，以青年农民、种养大户、本土专家、基层干部为重点，通过定向委培、定期指导，培养建立一批懂技术、善管理、会经营的农村实用人才队伍，筑牢农村经济社会发展根基。

第五，突出示范引领带动。加强政策衔接，实施乡村振兴，打造乡村振兴示范样板，建设乡村振兴走廊，着力聚焦解决出列贫困村、深度贫困村、未脱贫人口等存在的短板和问题，接续推动经济社会发展和群众生活改善，全面提升脱贫攻坚质量水平。

---

① 双招双引，即招商引资、招才引智。

余论　利川市精准扶贫的时代价值与世界意义

自人类进入文明社会以来，贫困一直是各种社会和经济形态面临的共同难题。即使我们已步入百年未有之大变局时代，但发展赤字难题仍急需世界各国加以破解。从全球贫困人口地理分布来看，若基于静态视角，世界贫困人口主要分布在东亚和太平洋地区、南亚地区以及撒哈拉以南非洲地区三大区域，占世界极端贫困人口的比例始终保持在90%以上；若基于动态视角，在东亚和太平洋地区、南亚地区，无论是极端贫困人口数量，还是贫困发生率都呈现不同程度的下行特点，其中东亚和太平洋地区的贫困人口由2005年的3.6亿陡降至2015年的4720万，2018年进一步降为3400万；而在撒哈拉以南非洲地区，减贫取得了有限进展，到2015年贫困发生率仍居高不下（41.1%），极端贫困人口数量不降反增，跃居成为世界极端贫困人口最为集中、贫困发生率最高的地区。①
全球各地区、各国减贫成效差别巨大。尤为引人注目
的是，就国别而言，中国对全球减贫的贡献率超过
70%。那么，为什么是中国？中国能为全球减贫提供
什么公共产品？

（一）从利川脱贫故事到中国方案

自 20 世纪 80 年代中国实施大规模的区域开发式
扶贫政策、攻坚式扶贫政策和新世纪整村推进扶贫政
策以来，全国贫困人口的空间分布由全国性向自然环
境脆弱、基础设施薄弱和社会发展落后的区域收缩。
2011 年，在中共中央国务院印发的《中国农村扶贫开
发纲要（2011—2020 年）》明确指出，包括武陵山区
在内的集中连片特殊困难地区（以下简称"连片特困
地区"）是新阶段扶贫攻坚主战场。在某种意义上说，
连片特困地区的脱贫成效是决定中国在 2020 年全面建
成小康社会的关键点。为此，国务院扶贫开发领导小
组办公室和国家发展改革委员会在同年 10 月下发了
《武陵山片区区域发展与扶贫攻坚规划（2011—2020
年）》，启动了全国连片特困地区脱贫的示范工作。武

① 《中国农村扶贫开发纲要（2011—2020 年）》，中华人民共和国中央人
民政府网，http：//www.gov.cn/gongbao/content/2011/content_ 2020905.htm。

陵山片区跨湖北、湖南、重庆、贵州四省市，集革命老区、民族地区和贫困地区于一体，是跨省交界面大、少数民族聚集多、贫困人口分布广的连片特困地区，而恩施州利川市就属于武陵山片区 71 个县（市、区）之一。推进利川市等武陵山区扶贫攻坚，"对促进各民族共同繁荣发展和社会和谐，促进区域经济协调发展，促进生态文明建设和可持续发展，对深入探索区域发展和扶贫攻坚新机制、新体制和新模式，为新阶段全国集中连片特殊困难地区扶贫攻坚提供示范，实现国家总体战略布局和全面建设小康社会的奋斗目标，具有十分重要的意义"。① 因此，利川市重点改善交通、通信、饮水、供电等基础设施上的突破，以发展茶叶、烟叶、药材、民宿旅游等核心产业的做法，落实搬迁扶贫、教育扶贫、就业、社保等方面提供的保障，充满温情且务实有效的结对帮扶方式，汇聚成一个个利川脱贫故事，有力促进了武陵山片区如期脱贫。

中国的脱贫对象既突出重点，又体现为"一个不能少"全局性特点。也就是说，全国各省（自治区、直辖市）可支配收入低于同期国家扶贫标准，且吃、穿发愁，教育、医疗、住房没有保障的人口都是扶贫

① 《武陵山片区区域发展与扶贫攻坚规划（2011—2020 年）》，2014 年 3 月 10 日，民族地区发展研究网，http://www.scuec.edu.cn/s/211/t/1322/ea/87/info60039.htm。

对象，无论他们身在何处。基于此，利川市的扶贫脱贫机制、做法、经验启示等，仅是全国832个贫困县脱贫奔小康的缩影，仅是中国脱贫大潮中的"一朵浪花"，体现了中国脱贫智慧与方案的共性与个性。而中国成功脱贫方案源于全国各具特色的精准扶贫、精准脱贫模式，它包括湘西花垣县十八里洞"产业兴村"模式、河北威县的产业扶贫和资产收益扶贫模式叠加的"金鸡帮扶"模式、海南省临高县的"基地+培训+工场"产业扶贫模式、云南寻甸县发挥"互联网+"作用的"云上扶贫"模式、山东菏泽市鄄城县探索的通过建扶贫车间实现贫困村留守劳动力脱贫的模式、内蒙古科左后旗的"生态扶贫"模式……可以说，正是中国各地贫困县、贫困村的精准扶贫脱贫新模式、新举措和新方式，共同构成脱贫历史进程中的中国方案。因此，中国的脱贫故事既是地区性的，又是全国性的。通过深入观察研究一个个像利川这样贫困县的脱贫故事，我们可以挖掘、总结、提炼出具有共通性的中国脱贫经验与启示。

（二）从中国方案到全球贫困治理

当今世界是独特性与复杂性的统一，一国的整体减贫经验对他国来说不具有普适性，但是基于部分贫困特点的趋同性，被实践证明的有益知识可作为国际减贫公共知识产品，有可能为其他国家减贫发展所借鉴。

就中国而言，改革开放以来，中国进行了大规模的开发式扶贫实践。在"政府主导、社会参与、自力更生、开发扶贫、全面发展"减贫理念指导下，中国实施了基础设施建设、产业扶贫、金融扶贫、教育扶贫、健康扶贫、生态扶贫、培训转移、易地搬迁、社会保障兜底等"中国式扶贫"举措，取得了显著的脱贫成就。贫困人口从 2012 年年底的 9899 万人减到 2019 年年底的 551 万人，贫困发生率由 10.2% 降至 0.6%，连续 7 年每年减贫 1000 万人以上。到 2020 年 2 月底，中国 832 个贫困县中已有 601 个宣布摘帽，179 个正在进行退出检查，未摘帽县还有 52 个，区域性整体贫困基本得到解决。[①] 由此，中国成功的减贫实践丰富了全球减贫国际公共产品，为世界扶贫减贫和人类包容性发展贡献了中国智慧、中国方案。

放眼全球，世界其他国家在减贫过程中积累了不同的经验，例如，孟加拉国首创了小额贷款做法，巴西通过"家庭补助金计划"为贫困家庭提供了生存保

---

① 习近平：《在决战决胜脱贫攻坚座谈会上的讲话》，2020 年 3 月 6 日，新华网，http://www.xinhuanet.com/politics/leaders/2020-03/06/c_1125674682.htm。

障，印度尼西亚发展劳动密集型制造业成功实现了农业贫困劳动力的转移，印度注重人力资源开发为劳动力就业提供了坚实的保障。上述国家的减贫做法为解决全球贫困治理贡献了宝贵的智慧，也是减贫领域的国际公共产品，可为仍被减贫困扰的国家提供了可资借鉴的"他山之石"。

当然，贫困国家在分享减贫国际公共知识产品时，要思考国际经验在当地的适应性问题，处理好分享减贫国际公共知识产品与探索本土减贫道路之间的关系。唯有结合本国国情，灵活、有选择地吸收国际减贫知识产品，逐步创造出具有本国特色的内生型减贫制度，方可实现国家的大规模减贫，最终共建一个没有贫困、共同发展的"人类命运共同体"。

（三）从贫困治理实践到理论思考

利川之于中国，中国之于世界，我们从利川扶贫脱贫故事中不仅仅总结出扶贫先扶志、特色产业发展促就业、保护生态美化环境等促脱贫的做法，不仅仅为那些仍在与贫困作斗争的各方提供可资借鉴的扶贫脱贫经验，不仅仅向中国乃至国际社会贡献物质性和观念性公共产品，而且，更为重要的是，它引发我们进一步思考：中国的减贫实践是否存在制度性国际公共产品？

回瞻减贫理论，国际学界主要提出四方面观点：一是以美国经济学家西蒙·库兹涅茨（Siman Kuznets）、托马斯·E. 韦斯科夫（Thomas E. Weisskopf）等为代表，提出的经济增长"涓滴效应"理论，即一国实现高速经济增长后，会对国民收入产生"溢出效应"或"涓滴效应"，民众会从经济繁荣中获益，进而解决贫困问题。二是以法国经济学家弗朗索瓦·佩鲁（Francois Perroux）等提出的发展极理论，即通过政策支持使生产要素向落后的发展极（如中心城市等）集中，通过发展极的经济发展及其产生的辐射效应，带动落后周围地区的经济增长，进而缓解贫困。三是西奥多·W. 舒尔茨（Theodore W. Schultz）创立的人力资本投资理论，即把人的知识、能力、健康等人力资本的提高作为减贫的关键因素。四是瑞典经济学家冈纳·缪尔达尔（Gunnar Myrdal）等提出的综合反贫困理论，即采用经济、社会、政治等多维举措，破解低收入与贫穷的积累性循环困境。毋庸置疑，上述理论对于发展中国家反贫困实践具有重要的指导意义。而理论源于实践，丰富的扶贫脱贫实践会提升和深化我们对减贫理论的认识，促使我们对减贫理论进行新思考。

世界各国尤其是发展中国家在第二次世界大战后

启动了国家经济发展与减贫的历史进程，直到当下仍把包容性经济增长或益贫式经济增长作为奋斗目标，中国的发展实践亦如此。在扶贫脱贫过程中，中国重视已有的国际减贫理论，并结合自身的历史文化和国情持续创新探索。其中，尤为需要指出的是，中国在扶贫减贫过程中，不仅以改善贫困人口的基础设施条件、提升个人自我脱贫能力为突破点，而且注入了扶贫脱贫的强有力的制度因素。首先，实现大规模持续脱贫，需要制度创新。从运行30多年自上而下的中央→省（或直辖市）→地→县四级专门扶贫机构与管理体系的建立，到《国家八七扶贫攻坚计划（1994—2000年）》（1994年）、《中国农村扶贫开发纲要（2001—2010年）》（2001年）、《中国农村扶贫开发纲要（2011—2020年）》（2011年）、《关于创新机制扎实推进农村扶贫开发工作的意见》（2013年）、《关于打赢脱贫攻坚战的决定》（2015年）的政策演进，乃至《"健康中国2030"规划纲要》《贫困残疾人脱贫攻坚行动计划（2016—2020年）》《关于做好选派机关优秀干部到村任第一书记工作的通知》等各领域扶贫行动纲领，以及设立中央和地方专项扶贫资金，均体现了人本主义的发展观，制度的先行供给使扶贫脱贫创新实践成为可能，因此中国的脱贫是制度的选择与运作的结果。其次，减贫持续取得显著成效，需要辅之以制度的强执行力。从脱贫攻坚"指挥部""指挥长""战区"等用词，我们可以看出中国的扶贫脱贫是以战斗姿态投入这场没有硝烟的战役的。扶贫工作党政"一把手"负责制、干部政绩考核与脱贫完成指标联结制、结对帮扶成效问责制，则意味着扶贫脱贫工作需要以毋庸置疑的强执行力来支撑。扶贫行动虽需要动员企业履行社会责任和激发全社会扶贫济困情怀共同参与，但是政府作为强制性制度供给的主体，它在扶贫脱贫过程中需要担负干预职能和发挥主导性作用。也就是说，中国的扶贫脱贫实践证明，处理好政府与市场的关系对于减贫至关重要。贫困主要涉及公平问题，而市场追求的是效率目标。效率优先主要由市场机制来实现，兼顾公平则主要由政府政策来实现。一般意义上的快速经济增长，并不会像人们所想象的那样自然而然使穷人均等受惠。发展中国家在保持经济稳步增长的同时，应注重减贫制度供给，制定有利于穷人的政策和配套措施，将国家的财政真正投资于穷人，才能确保穷人公平分享发展成果，向包容性经济增长目标迈进。

实践是认识发展的动力，减贫理论的修正与丰富源于包括中国在内的世界各国减贫实践的凝练与升华。减贫实践具有多元性、复杂性、动态性，促使人们不断思考其内在机理。终结贫困的路在哪？减贫理论与路径的探索永远在路上。

后　记

　　本报告是中国非洲研究院"中国精准扶贫系列智库报告"课题成果之一。精准扶贫是以习近平同志为核心的党中央治国理政新理念新思想新战略的重要组成部分，是全球贫困治理中重大理论创新，体现中国智慧和中国方案。因此，本报告选取中国832个贫困县之一的湖北省恩施州利川市为研究案例，考察了利川市精准扶贫政策取向、采取的措施，尤其注重以鲜活且具体的案例讲好中国利川减贫的故事，进而探究中国成功实现脱贫奔小康的内在机理，昭示中国减贫的经验与发展道路。经过利川市人民六年多艰苦卓绝的努力，2020年4月，利川市6.9万户21.6万人的建档立卡贫困人口全部脱贫，141个建档立卡贫困村全部脱贫出列。不仅如此，2020年是中国脱贫攻坚战决胜之年。在这重要的历史节点，我们需要深情且理性地回望曾经走过的精准扶贫之路，审视当下，思考未来。

　　本课题的研究与写作过程恰逢史无前例的新冠肺炎疫情席卷整个中国大地，而湖北省又是疫情冲击最为严重的地区，给课题的实施带来诸多困难。这里需要特别指出的是，本课题得到了恩施州州委常委、利川市委书记沙玉山的高度重视，他亲自主持研究部署、运筹策划智库报告的资料收集整理事宜。在资料收集和写作过程中，利川市委副书记、政法委书记赵秀峰，市委常委、统战部长刘勇，市委常委、副市长彭必武等做了大量统筹协调工作。利川市脱贫攻坚指挥部办公室、龙船调策划咨询公司、盐水女神文化公司以及利川各行业扶贫部门给予了大力支持。利川方面还有游亮、靳涛、刘雅怡、盛良、伍江明、向慧、杨琼、刘媛、张衡、汪璐、李松、张宇双、余源、陈飞宇、刘垚、陈小林、何泽勋等数十人具体承担了资料收集、编辑整理、现场采写等任务。利川市扶贫办主任杨镇全具体统领报告的实施、初审的审定，付出了巨大心力。课题负责人安春英负责本报告的结构策划、提纲拟定、各章的修改、内容补充、统稿、定稿，以及"余论"部分的撰写。因此，本报告的最终付梓出版是团队协作与艰苦细致工作的结果。此外，中国非洲研究院常务副院长李新烽研究员、科研处马学清助理研究员，以及中国社会科学出版社的编辑，为本书的写作与出版提供了宝贵的帮助，在此一并感谢！

　　由于本课题组人员学识与能力所限，本报告内容会有诸多论述不妥之处，需要我们在今后的跟踪研究中弥补。随着中国减贫事业取得突破性进展，随之而来的问题是：中国如何巩固脱贫攻坚成果并寻求解决相对贫困的长效机制，这是迫切需要我们继续研究的议题。

安春英，中国社会科学院西亚非洲研究所编审，兼任中国非洲问题研究会秘书长、中国国际关系期刊研究会常务理事、中国亚非学会理事、中国中东学会理事。主要研究方向为非洲经济、非洲减贫与可持续发展问题。主要著述：《非洲贫困与反贫困问题研究》（独著，2010 年）、《中非发展合作的多维视阈》（主编，2012 年）、《中国发展经验对非洲国家经济发展的启示》（论文，2016 年）、《中非减贫合作与经验分享》（独著，2018 年）、《全球贫困治理中的非洲减贫国际合作》（论文，2019 年）等。

杨镇全，湖北省恩施州利川市政府扶贫办主任，湖北省第十三届人民代表大会代表、政协恩施州第八届委员会委员、中共利川市第八届委员会委员，曾任利川日报社副社长、恩施日报社驻利川记者站站长、利川市委外宣办主任、利川市委宣传部常务副部长、利川市文体新广局局长等职。